PREFACE

We are pleased to present this comprehensive collection of CBSE French Class 10 Solved Sample Papers for the academic years, aligned with subject code 018. This book has been carefully crafted as a vital resource for students gearing up for their board exams, providing a set of practice papers that closely mirror the format and challenges of CBSE French board exams.

French, as a significant part of the CBSE curriculum, requires students to understand both language and cultural nuances. These unsolved sample papers enable students to practice and strengthen their language skills while evaluating their readiness for the exam and identifying areas that need further focus.

Key Features of the Book:

Authentic Exam-Style Papers: The sample papers in this book are modeled on actual CBSE board exams, giving students access to the most relevant and updated material.

Simulated Exam Experience: By working through these solved sample question papers, students can replicate real exam conditions, building confidence and improving time management skills.

Comprehensive Syllabus Coverage: The sample papers encompass all major areas of the French syllabus, including reading comprehension, writing, grammar, and vocabulary, providing thorough practice across each section.

Cultural Enrichment: The questions offer insights into French culture and traditions, broadening students' understanding of the language beyond just grammar and vocabulary.

Ideal for Revision: This book is perfect for last-minute review, helping students reinforce their understanding and refine their exam strategies.

Self-Evaluation and Improvement: Students can use these papers for self-assessment, tracking their progress and focusing on areas needing further improvement.

We are confident that this book will be an invaluable resource for Class 10 students preparing for their French board exams. By working through these solved sample question papers, students will not only enhance their exam performance but also deepen their appreciation of the French language. We wish all students the very best in their exams and hope this book becomes a key part of their academic journey.

Table of Contents

CBSE | DEPARTMENT OF SKILL EDUCATION

FRENCH (SUBJECT CODE - 018)
CLASS – X

Time: 3 Hrs **M. Marks: 80 +20**

A) Reading Section: **10 marks**
One unseen prose passage (factual/descriptive) (150-200 words)
(with a picture/diagrammatically represented data)

B) Writing Section **20 marks**
One long composition (Informal letter) based on the main themes given in lessons **2-8, 10** (80 words)
Two short compositions: message, re-arranging a dialogue in a logical sequence, and completing a text with the help of clues provided. (30-35 words)

C) Grammar Section **30 marks**
Verbs (All tenses done in class 9, conditionnel du présent, futur antérieur, plus-que-parfait & subjonctif), pronom relatif simple et composé, pronom personnel (COD, COI, y, en, tonique, etc.), trouvez la question, discours direct et indirect, négatifs, possessifs - adjectifs et pronoms, démonstratifs - adjectifs et pronoms (simples et composés)
(Note: Personal pronouns will continue to be tested as the topic is done in Class 9)

D) Culture and Civilization **20 marks**
Question based on text book:
a) Short Answers Questions **10 marks**
b) MCQ (True or false/ match the following/ 10 marks fill in the blanks) **10 marks**
Note: Students are not to be tested on texts marked 'Pour aller plus loin' and 'Je découvre'
1. L.2 – Après le bac
2. L.3 – Chercher du travail
3. L.4 – Le plaisir de lire
4. L.5 - Les médias
5. L.6 - Chacun ses goûts
6. L.7 – En pleine forme
7. L.8 – L'environnement
8. L.10 - Vive la République!

E) Internal Assessement
As per CBSE guidelines for all subjects:
1. Subject enrichment activity (ASL) **5**
2. Portfolio **5**
3. Periodic Tests **5**
4. Multiple Assessement **5**

(Please refer to the latest guidelines issued by the CBSE on their website from time to time)
It is recommended that listening and speaking skills be regularly practised and art-integrated projects based on activities like role play, skit, dramatisation etc. be encouraged.
Prescribed textbook:
Entre Jeunes, Class X
(CBSE) Textbook Lessons
2-8, 10

Topper Tips for Success

1. **Focus on Understanding, Not Just Memorization**
   Instead of solely memorizing information, prioritize understanding the fundamental concepts. A strong grasp of the material allows you to tackle any question, even if it's phrased differently.
2. **Make Regular Practice a Habit**
   Practice consistently using sample papers and previous years' question papers. This helps familiarize you with the exam format, enhances time management, and boosts your confidence. Simulate exam conditions for a more realistic experience.
3. **Perfect Your Time Management**
   Assign specific time slots to each section of your exam to ensure that you can cover the entire paper without leaving anything unanswered. Stick to your time schedule to prevent rushing at the last minute.
4. **Clear Doubts Without Delay**
   If you encounter a concept you don't fully understand, address it right away. Seek assistance from teachers or classmates to ensure you don't accumulate confusion that might hinder your preparation.
5. **Revise Frequently**
   Make revision a regular part of your study routine. Design a timetable that allows you to go over key topics several times before the exam to keep the material fresh in your mind.
6. **Stay Calm and Maintain a Positive Outlook**
   Throughout your preparation and on exam day, stay calm and keep a positive mindset. Stress can negatively affect your performance, so practice relaxation techniques like deep breathing or meditation to maintain composure.
7. **Utilize Visual Tools for Effective Revision**
   Incorporate diagrams, charts, and mind maps into your study sessions. These visual aids can make it easier to remember key concepts and make your revision more interactive and efficient.
8. **Prioritize Your Health**
   A healthy body supports a sharp mind. Ensure you get adequate sleep, eat nutritious meals, and take breaks during study sessions. Regular exercise and staying hydrated will help you stay focused and energized.

CBSE CLASS 10 FRENCH SOLVED SAMPLE PAPER 1

SUBJECT CODE 018

Q.P. Code No

Roll No.

Candidates must write the Q.P. Code on the title page of the answer-book.

Instructions:

- Please check that this question paper contains 4 printed pages.
- Q.P. Code given on the right-hand side of the question paper should be written on the title page of the answer-book by the candidate.
- Please check that this question paper contains 16 questions.
- Please write down the serial number of the question in the answer-book before attempting it.

SUMMATIVE ASSESSMENT – II

FRENCH

Time allotted: 3 hours **Maximum Marks: 80**

The Question paper is divided into four sections:

Section A: Reading Comprehension - 10 marks
Section B: Writing - 20 marks
Section C: Grammar - 30 marks
Section D: Culture and Civilisation - 20 marks

SECTION A

(Compréhension) **10 points**

1. Lisez attentivement le texte et répondez aux questions suivantes :

Dans la vie, est-il préférable d'être grand ou petit ?

Le 5e « Salon des Grands » a eu lieu les 1er et 2 octobre 2013 à Paris. Être grand présente parfois des défis... À l'école, la taille imposante n'est pas toujours facile à accepter. C'est compliqué d'être le plus grand de sa classe ! Une femme est considérée grande à partir de 1,80 m, tandis qu'un homme l'est à partir de 1,90 m. Ils rencontrent des difficultés pour trouver des vêtements, des chaussures, ou même pour s'asseoir confortablement au cinéma ou dans un avion. Ce salon à Paris leur offre des conseils pratiques pour mieux vivre avec leur taille. Le docteur Antoine Pelissolo, psychiatre dans un hôpital parisien, aide les jeunes à mieux accepter leur taille : « Il faut aller vers les autres sans se cacher, par exemple en faisant du sport. La grande taille est un atout dans des sports comme le basket. Il est aussi important de travailler sur la confiance en soi. Remplacez les pensées négatives par des pensées positives. Ce qui compte vraiment, ce n'est pas le physique, mais la personnalité et les qualités humaines. La taille n'est pas un handicap ! »

1.1 Choisissez la bonne réponse : **2**

(a) À partir de quelle taille une femme est-elle considérée comme grande ?
(i) 1,67 m
(ii) 1,80 m
(iii) 1,90 m
(iv) 1,70 m
(b) Quel problème les grandes personnes rencontrent-elles ?
(i) se tourner
(ii) se coucher
(iii) se chausser
(iv) se brosser
(c) Que donne le docteur Antoine Pelissolo aux personnes de grande taille ?
(i) des cadeaux
(ii) des infos
(iii) des exemples
(iv) des conseils
(d) Selon lui, qu'est-ce qui est important, si ce n'est le physique ?
(i) la personnalité
(ii) le handicap
(iii) la taille
(iv) le basket

Réponse:
1.1 (a) (ii), (b) (iii), (c) (iv), (d) (i)

1.2 Complétez les phrases avec les mots du texte : **4**
(a) Je cherche une chemise noire, mais je n'arrive pas à trouver la bonne __________.
(handicap, taille, classe, dos)
(b) Notre professeur a beaucoup de _________ en nous. Il est sûr que nous réussirons aux examens.
(exemple, info, confiance, pensée)
(c) Aditi travaille très _________ du matin au soir pour gagner de l'argent. Elle est gentille.
(dur, positive, taille, mal)
(d) Le garçon est très intelligent ! Il répond facilement aux questions bien __________.
(grandes, négatives, positives, compliquées)

Réponse:
(a) taille (b) confiance (c) dur (4) compliquées

1.3 Trouvez les contraires : **2**
(a) rarement : (grand ; mieux ; souvent)
(b) simple : (compliquée, consacré, conseil)
(c) jamais : (consacré, toujours, pensée)
(d) s'habiller : (se tourner, se chausser, se déshabiller)

Réponse:
(a) souvent (b) compliquée (c) toujours (d) se déshabiller

1.4 Trouvez dans le texte la forme verbale de ces mots : **2**
(a) habit
(b) chaussures

(c) départ
(d) travail

Réponse:
(a) vivre (b) se chausser (c) partir (d) travailler

SECTION B
(Expression Écrite) **20 points**

2. Rédigez une lettre d'environ 80 mots :
(a) À votre ami(e) français(e), décrivant le système politique en Inde. **10**

OU

(b) À votre ami(e) qui vient d'obtenir son permis de conduire, pour lui donner des conseils.

Réponse:
(a). Cher(e) [Nom de l'ami(e)],

Je voulais te parler du système politique en Inde. C'est une république parlementaire, ce qui signifie qu'il y a un président, mais le pouvoir exécutif appartient surtout au Premier ministre. Le pays a un parlement bicaméral, avec la Lok Sabha (Chambre du peuple) et la Rajya Sabha (Chambre des États). Les élections générales sont organisées tous les cinq ans pour élire les membres de la Lok Sabha. C'est un système démocratique qui reflète la diversité et les valeurs de l'Inde.

A bientôt,
[Ton nom]

(b) Chère/cher [Nom de l'ami(e)],

Félicitations pour ton permis de conduire ! C'est un grand pas en avant. Pour conduire en toute sécurité, voici quelques conseils : toujours porter ta ceinture de sécurité et respecter les limites de vitesse. N'utilise pas ton téléphone en conduisant, reste concentré(e) sur la route. En ville, sois particulièrement prudent(e) avec les piétons et les cyclistes. Aussi, assure-toi de bien connaître les règles de priorité. Ne conduis jamais si tu te sens fatigué(e) ou distrait(e).

Bonne route !
[Ton nom]

3. Faites deux des questions suivantes : **10**
(a) Mettez le dialogue suivant dans le bon ordre :
Le responsable : Bonjour ! D'abord, vous devez remplir un formulaire.
Laurent : Bonjour monsieur ! Je voudrais obtenir un visa pour aller en France.
Le responsable : Oui. Vous devez soumettre votre dossier au responsable de la section. Ce dossier doit être complet.
Laurent : D'accord. Et ensuite, je dois me rendre au Consulat avec mes papiers ?
Laurent : Très bien ! Je vous remercie !

OU

(b) Votre ami(e) vous a invité(e) à son anniversaire, mais vous ne pouvez pas y aller. Laissez-lui un message d'environ 30 mots pour vous excuser.

OU

(c) Décrivez la recette de votre dessert préféré en environ 30 mots.

Réponse:

3 (a) Laurent : Bonjour monsieur ! Je voudrais obtenir un visa pour aller en France.
Le responsable : Bonjour ! D'abord, vous devez remplir un formulaire.
Laurent : D'accord. Et ensuite, je dois me rendre au Consulat avec mes papiers ?
Le responsable : Oui. Vous devez soumettre votre dossier au responsable de la section. Ce dossier doit être complet.
Laurent : Très bien ! Je vous remercie !

(b) Salut [Nom de l'ami(e)],

Merci beaucoup pour ton invitation à ton anniversaire ! Malheureusement, je ne pourrai pas être présent(e) ce jour-là. J'espère que tu passeras un super moment ! On se voit bientôt !

(c) Mon dessert préféré est le tiramisu. Il faut du mascarpone, des œufs, du sucre, du café fort et des biscuits à la cuillère. On superpose les ingrédients et laisse reposer au frais. Simple et délicieux !

4. Complétez ce texte avec les mots/expressions suivants : **5**
(prison, prise, naissance, nationale, Révolution)
Le 14 juillet, la fête __________ française, commémore la __________ de la Bastille, qui a eu lieu le 14 juillet 1789 et a marqué le début de la __________ française. La Bastille était une __________ et un symbole du pouvoir absolu de l'Ancien Régime de Louis XVI. Sa __________ par le peuple a montré que le pouvoir du roi n'était plus absolu. Elle a marqué la fin de la monarchie et la __________ de la Nation souveraine et, finalement, de celle de la Première République, en 1792.

Réponse:

Le 14 juillet, la fête **nationale** française, commémore la **prise** de la Bastille, qui a eu lieu le 14 juillet 1789 et a marqué le début de la **Révolution** française. La Bastille était une **prison** et un symbole du pouvoir absolu de l'Ancien Régime de Louis XVI. Sa **prise** par le peuple a montré que le pouvoir du roi n'était plus absolu. Elle a marqué la fin de la monarchie et la **naissance** de la Nation souveraine et, finalement, de celle de la Première République, en 1792.

SECTION C
(Grammaire) 30 points

6. Combinez les phrases en utilisant les pronoms relatifs : **5**
(que, laquelle, auquel, duquel, dont)
(a) Je vous présente Priya. Nous irons en Italie avec elle.
(b) Regardez ce joli parc. Il y a de magnifiques fleurs autour du parc.
(c) Anjali va au concert avec son amie. La mère de sa cousine est actrice.
(d) L'employé est malade. M. Dubois vient de lui donner le dossier.
(e) Les images sont magnifiques. Je les partagerai demain.

Réponse:

(a) Je vous présente Priya avec laquelle nous irons en Italie.
(b) Regardez ce joli parc autour duquel il y a de magnifiques fleurs.
(c) Anjali va au concert avec son amie dont la mère de sa cousine est actrice.
(d) L'employé auquel M. Dubois vient de donner le dossier est malade.
(e) Les images que je partagerai demain sont magnifiques.

7. Corrigez les erreurs et réécrivez la phrase correctement : **5**

Sophie va fêté son anniversaire la semaine prochaine. Elle a déjà envoyé les cartes d'invitation à leurs amis. Elle a écrit une bonne lettre à ses grands-parents pour leur inviter. Maintenant il y a beaucoup des choses à organiser : le menu, la décoration, la musique .... Quel joie !

Réponse:

Sophie va fêter son anniversaire la semaine prochaine. Elle a déjà envoyé les cartes d'invitation à ses amis. Elle a écrit une bonne lettre à ses grands-parents pour les inviter. Maintenant, il y a beaucoup de choses à organiser : le menu, la décoration, la musique... Quelle joie !

8. Créez les questions correspondantes aux réponses suivantes : **5**

(a) Je me coucherai jusqu'à midi.
(b) Si, Kamran est toujours en retard.
(c) Il y a plus de 800 livres dans la bibilothéque.
(d) La peinture est magnifique !
(e) Ce magnifique tableau est fait de tissu.

Réponse:

(a) Jusqu'à quelle heure vas-tu te coucher ?
(b) Kamran est-il souvent en retard ?
(c) Combien de livres y a-t-il dans la bibliothèque ?
(d) Comment est la peinture ?
(e) De quoi est fait ce tableau ?

9. Mettez au discours directe ou indirecte selon le cas : **5**

(a) Maman nous dit de ne pas sortir de la maison car il pleut.
(b) Je demande à Alex s'il a bien révisé pour les examens d'aujourd'hui.
(c) « Que ferez-vous pour lutter la pollution? » La directrice nous demande.
(d) Les parents de Judith la conseillent, « Sois sage et occupe-toi de ta sœur ! »
(e) Gérard demande à ses amis, ««« Est-ce qu'on va au cinéma ce soir ? ».

Réponse:

(a) Maman nous dit : « Ne sortez pas de la maison car il pleut. »
(b) Je demande à Alex : « As-tu bien révisé pour les examens d'aujourd'hui ? »
(c) La directrice nous demande ce que nous ferons pour lutter contre la pollution.
(d) Les parents de Judith la conseillent d'être sage et de s'occuper de sa sœur.
(e) Gérard demande à ses amis s'ils vont au cinéma ce soir.

10. Complétez en mettant les verbes aux temps appropriés : **5**

(a) Loulou a eu des larmes aux yeux __________ (en recevant, recevant, reçoivent, reçoit) la bonne nouvelle.
(b) Il ___________ (ferait, faisait, aura fait, aurait fait) un tour du monde s'il avait été riche.
(c) Demain dès que leur mère ___________ (était sortie, sortira, serait sortie, sera sortie), elles ___________ (se mettront, se sont mises, se mettraient, se sont mis) à téléphoner aux amis.
(d) La directrice a aperçu les élèves dans la classe ___________(dansaient, en dansant, dansant, dansent).

Réponse:

(a) Loulou a eu des larmes aux yeux en recevant la bonne nouvelle.
(b) Il aurait fait un tour du monde s'il avait été riche.
(c) Demain dès que leur mère sera sortie, elles se mettront à téléphoner aux amis.

(d) La directrice a aperçu les élèves dans la classe dansant.

11. Complétez les espaces vides avec les bonnes réponses : **5**

(a) Il faut que tu __________ (ailles, aille, vas, iras) à l'école et _______ (fais, feras, fasses, fasse) bien tes études.

(b) Je voudrais que vous ________ (prendrez, preniez, prenez, prendez) vos repas lentement.

(c) C'est nécessaire que je _________ (finisse, finis, finirai, finisses) mon travail tout de suite.

(d) Il est important que tout le monde ________ (soient, est, seront, soit) attentif pendant le discours.

Réponse:

(a) Il faut que tu ailles à l'école et fasses bien tes études.

(b) Je voudrais que vous preniez vos repas lentement.

(c) C'est nécessaire que je finisse mon travail tout de suite.

(d) Il est important que tout le monde soit attentif pendant le discours.

OU

12. Réorganisez les mots pour former des phrases correctes :

(a) ce / découvrir / nous / dois / pays / visiter / tu / pour.

(b) me / me / je / suis / en / blessée / promenant.

(c) avant / te / le / manger / ne / de / couche / dîner / pas.

(d) les / pendant / il / soyez / que / calmes / faut / examens / vous.

(e) de / dictionnaire / puis / votre / -je / servir / me ?

Réponse:

(a) Tu dois nous visiter pour découvrir ce pays.

(b) Je me suis blessée en me promenant.

(c) Ne te couche pas avant de manger le dîner.

(d) Il faut que vous soyez calmes pendant les examens.

(e) Puis-je me servir de votre dictionnaire ?

SECTION D

(Culture Et Civilisation) **20 points**

13. Répondez à cinq questions parmi les suivantes : **10**

(a) Quels documents sont nécessaires pour s'inscrire à la bibliothèque ?

(b) Que signifie « zapper » ? Citez deux chaînes françaises.

(c) Qu'est-ce que le « Panchatantra » ?

(d) Quelle est l'utilisation du Minitel ?

(e) Que signifient les acronymes « ANPE » et « TGV » ?

(f) Que savez-vous des Bateaux-Mouches ?

Réponse:

(a) Pour s'inscrire à la bibliothèque, il est généralement nécessaire de fournir une pièce d'identité, une photo récente, et un justificatif de domicile.

(b) « Zapper » signifie changer rapidement de chaîne de télévision à l'aide d'une télécommande. Deux chaînes françaises sont TF1 et France 2.

(c) Le « Panchatantra » est un ancien texte indien, composé de contes et de fables, qui enseigne des leçons de morale et de sagesse à travers des histoires d'animaux. Il est souvent utilisé pour enseigner la philosophie et la politique.

(d) Le Minitel est un terminal de communication qui a été largement utilisé en France dans les années 1980 et 1990. Il permettait d'accéder à des services en ligne, tels que des annuaires, des informations sur des voyages, des réservations, et d'autres services d'information.

(e) **ANPE :** L'ANPE (Agence Nationale Pour l'Emploi) était l'agence française de l'emploi, responsable de l'aide à la recherche d'emploi et de l'accompagnement des chômeurs. Elle a été remplacée par Pôle emploi en 2008.

TGV : Le TGV (Train à Grande Vitesse) est un train à grande vitesse qui dessert le réseau ferroviaire français, permettant de voyager rapidement entre différentes villes.

(f) Les Bateaux-Mouches sont des bateaux touristiques qui naviguent sur la Seine à Paris. Ils offrent des croisières commentées, permettant aux visiteurs de découvrir les monuments et les sites historiques de la ville tout en profitant de la vue sur l'eau.

14. Reliez les colonnes A et B et récrivez : **3**

Colonne A	Colonne B
(a) La télécarte	(1) Les Députés
(b) Bic	(2) sert à téléphoner
(c) L'Assemblée Nationale	(3) Curriculum Vitae
(d) Secrétaire	(4) bureau
(e) Formation	(5) journal
(f) Le Monde	(6) ranger les dossiers

Réponse:
(a)-2, (b)-(4), (c)-(1), (d)-(6), (e)-(3), (f)-(5)

15. Complétez les espaces : **3**

(a) À Ajantha, on trouve des ____________ . (cavernes, grottes, stations, montagnes)
(b) Un ___________ est publié tous les jours. (hebdomadaire, mensuel, quotidien, rubrique)
(c) ____________ est une forme de paiement. (Carte Orange, Carte Visa, Carte Rouge, Carte Coupe-file)
(d) Alexandre Dumas est l'écrivain de « ___________ ». (Les Trois Mousquetaires, Le Renard et Les Raisins, Le Petit Prince, Le Malade Imaginaire)
(e) ____________ est un petit modèle de voiture fabriqué en France. (Renault Megane Coupe, Ambassador, Skoda, Concorde)
(f) Dans une annonce, « J.F. » désigne ____________. (jeune femme, jolie fille, jolie femme, joyeuse fête)

Réponse:
(a) grottes (b) Un quotidian (c) Carte Visa (d) Les Trois Mousquetaires (e) Renault Megane Coupe (f) jeune femme

16. Indiquez si c'est Vrai ou Faux : **4**

(a) Il est important de ne pas gaspiller le gaz.
(b) « Fumer » est bénéfique pour la santé.
(c) Il est nécessaire d'être gentil avec ses camarades de classe.
(d) Klaxonner devant un hôpital est interdit.

Réponse:
(a)-Vrai (b)-Faux (c)-Vrai (d)-Vrai

Introduction to Credit system in NEP

URL	QR
https://youtu.be/NxMHHIt9PcI	

CBSE CLASS 10 FRENCH SOLVED SAMPLE PAPERS 2

SUBJECT CODE 018

Roll No. **Q.P. Code No.** 20

Candidates must write the Q.P. Code on the title page of the answer-book.

Instructions:

- Please check that this question paper contains 3 printed pages.
- Q.P. Code given on the right-hand side of the question paper should be written on the title page of the answer-book by the candidate.
- Please check that this question paper contains 15 questions.
- Please write down the serial number of the question in the answer-book before attempting it.

SUMMATIVE ASSESSMENT – II

FRENCH

Time allotted: 3 hours **Maximum Marks: 80**

The Question paper is divided into four sections :

Section A : Reading Comprehension - 10 marks
Section B : Writing - 20 marks
Section C : Grammar - 30 marks
Section D : Culture and Civilisation - 20 marks

SECTION A

1. Lisez attentivement le texte et répondez aux questions suivantes :

L'Inde a réussi à envoyer sa sonde en orbite autour de Mars, marquant un triomphe pour cette première mission indienne vers la planète rouge. "L'Inde a atteint Mars. Félicitations à tous, à toute la nation. Une nouvelle page d'histoire se tourne aujourd'hui", a déclaré le Premier ministre depuis le centre de la mission gérée par l'Organisation Spatiale Indienne (ISRO) à Bangalore, dans le sud du pays. La sonde Mars Orbiter Mission (MOM), surnommée « Mangalyaan » par les Indiens, a été lancée le 5 novembre 2013. Cette sonde a été développée en un temps record et avec un budget modeste, permettant à l'Inde de devenir le premier pays asiatique à atteindre Mars. Jusqu'alors, seuls les États-Unis, la Russie et l'Europe avaient accompli cet exploit. Avec un coût de 74 millions de dollars, cette mission indienne a été bien moins coûteuse que la sonde MAVEN de la NASA. La sonde est équipée de capteurs pour mesurer la présence de méthane dans l'atmosphère martienne, ce qui pourrait confirmer l'existence d'une forme de vie primitive sur cette planète.

1.1 Choisissez la bonne réponse : **2**

(a) La planète rouge est ....

(i) Mars.
(ii) « Mangalyaan ».
(iii) NASA.
(b) ISRO est ....
(i) une planète.
(ii) une sonde.
(iii) une agence spatiale.
(c) Le premier pays d'Asie d'atteindre Mars est ....
(i) l'Inde.
(ii) les États-Unis .
(iii) la Russie.
(d) MOM avait décollé le ....
(i) 6 octobre 2013.
(ii) 5 novembre 2013.
(iii) 5 novembre 2014.

Réponse:
(a) (i) Mars (b) (iii) une agence spatiale (c) (i) l'Inde (d) (ii) 5 novembre 2013

1.2 Dites « Vrai » ou « Faux » : **2**
(a) ISRO se trouve à Bangalore.
(b) On appelle la sonde MOM « Mangalyaan ».
(c) « Maven » est le gaz dans l'atmosphère.
(d) MOM va mesurer la présence de méthane dans l'atmosphère de Mars.

Réponse:
(a) Vrai (b) Vrai (c) Faux (d) Vrai

1.3 Complétez avec les mots du texte : (a) Ce garçonnet a été ____________ (produit, conçu, baptisé) Jean-Pierre d'après son grand-père.
(b) L'architecte va ___________ (atteindre, mesurer, annoncer) la longueur de ce salon.
(c) Je ne peux pas acheter la nouvelle BMW, j'ai un tout petit ____________ (mission, budget, objectif).
(d) Le champion a complété la course de 1000 m en un temps __________ (record, entier, conçu). Il a gagné la coupe.

Réponse:
(a) baptisé (b) mesurer (c) budget (d) record

1.4 Cherchez dans le texte : **2**
(a) le contraire de « échoué » ; « moderne ».
(b) la forme nominale de « succéder ».
(c) la forme verbale de « l'écriture ».

Réponse:
(a) Le contraire de « échoué » : réussi ; moderne : record (dans le contexte de l'exploit de la mission).
(b) La forme nominale de « succéder » : succession.
(c) La forme verbale de « l'écriture » : écrire.

SECTION B **20 MARKS**

2. Rédigez une lettre d'environ 80 mots : **10**

(a) À votre cousin/cousine qui est malade. Envoyez-lui des mots d'encouragement !

OU

(b) Daniel adresse une lettre à sa grand-mère pour lui expliquer les moyens de transport en France.

Réponse:

(a) Chère cousine,

J'ai appris que tu es malade, et je voulais te dire combien je pense à toi. Je suis sûr(e) que tu vas vite te rétablir, car tu es forte et pleine de courage. Repose-toi bien, prends soin de toi et n'hésite pas à me dire si tu as besoin de quoi que ce soit. Je suis impatiente de te revoir en pleine forme. En attendant, je t'envoie plein de pensées positives et de câlins.

Avec tout mon amour,
[Votre prénom]

(b) Chère grand-mère,

Je voulais te parler des moyens de transport en France. Ici, les trains à grande vitesse (TGV) sont très populaires pour voyager entre les grandes villes. Il y a aussi des métros dans les grandes villes comme Paris, qui sont très pratiques pour se déplacer rapidement. Les bus et les tramways sont également utilisés pour les trajets plus courts. Beaucoup de gens utilisent aussi des voitures, mais le vélo devient de plus en plus courant, surtout en ville.

Avec tout mon amour,
Daniel

3. Faites deux des questions suivantes : **5**

Remettez les étapes de cette recette dans le bon ordre :

-Ajouter la levure et le sucre vanillé dans le mélange et puis verser l'huile. Mélanger.
-Enfin enfourner pendant 30 minutes à 180 degrés.
-D'abord verser le yaourt et les œufs dans un saladier et bien mélanger.
-Mettre ce mélange dans une moule beurrée.
-Ensuite ajouter le sucre et la farine dans ce mélange et bien remuer.

Réponse:

D'abord verser le yaourt et les œufs dans un saladier et bien mélanger.
Ensuite ajouter le sucre et la farine dans ce mélange et bien remuer.
Ajouter la levure et le sucre vanillé dans le mélange et puis verser l'huile. Mélanger.
Mettre ce mélange dans un moule beurré.
Enfin enfourner pendant 30 minutes à 180 degrés.

OU

(b) Votre cousin vous invite à une fête d'anniversaire ce week-end, mais vous ne pouvez pas y assister. Écrivez un message de refus. *(30 mots)*

Réponse:

Salut [Prénom],

Merci beaucoup pour l'invitation à ta fête d'anniversaire ! Malheureusement, je ne pourrai pas venir ce week-end. J'espère que tu passeras une excellente journée et je te souhaite un joyeux anniversaire !

Bien à toi,
[Votre prénom]

OU

(c) Décrivez brièvement la recette de votre plat français préféré en environ 30 mots.

Réponse:
Ma recette préférée est la quiche lorraine. Mélangez des œufs, de la crème, du lait, du fromage râpé et des lardons, puis versez dans une pâte brisée et cuisez au four jusqu'à doré.

4. Complétez le texte avec les mots ou expressions donnés : (5 points) **5**
(nécessité, journalistes, imprimé, idée, vrais)
C'est Béatrice d'Irube qui a eu l'___________ de créer un véritable journal, le « JDE » destiné aux enfants en 1984. Elle croyait fermement à la __________ d'informer les jeunes pour qu'ils deviennent « de __________ citoyens dotés d'un esprit critique ». Le tout premier numéro a été __________ le 29 septembre 1984. Béatrice répétait souvent : « Je pense JDE, je respire JDE, je vis JDE ». Elle est décédée en 2010, mais les __________ du JDE ne l'oublient jamais en rédigeant leurs articles.

Réponse:
(i) idée (ii) nécessité (iii) vrais (iv) imprimé (v) journalistes

SECTION C

5. Complétez les phrases en utilisant les articles définis ou partitifs : (5 points) **5**
Paul suit un régime, alors il ne mange pas __________ sucreries et n'aime pas __________ fromage. Il consomme __________ salade verte et __________ légumes. Il boit __________ lait écrémé.

Réponse:
Paul suit un régime, alors il ne mange pas **de** sucreries et n'aime pas **le** fromage. Il consomme **de la** salade verte et **des** légumes. Il boit **du** lait écrémé.

6. Complétez en mettant les verbes aux temps convenables : **5**
(a) Hier, Sophie ___________ (s'était blessée, s'est blessée, se blessait) la jambe ___________ (nageaient, nageant, en nageant) très vite.
(b) _________ (Se couche, Te couches, Couche-toi) tôt si tu as trop de travail le matin.
(c) Demain aussitôt que vous _____________ (aurez rencontré, auriez rencontré, aviez rencontré) le PDG, vous entendrez la bonne nouvelle.
(d) Si nous avions complété nos devoirs à l'heure, nous _____________(sortirions, serions sortis, sortirons) pour le dîner.

Réponse:
(a) s'est blessée (b) en nageant (c) Couche-toi (d) aurez rencontré (e) serions sortis

7. Mettez les verbes au subjonctif : **5**
(a) Il faut que Léa __________ (aille, allies, aile) chez le médecin et __________ (prenne, prenne, prenne) des médicaments.
(b) Le directeur exige que nous ___________ (savions, sachons, sachions) bien les règles.

(c) C'est obligatoire que tout le monde ____________ (fasse, fasses, faisiez) la queue devant le guichet.
(d) Il est important que Marc ____________ (s'asseye, t'assoies, t'assisse) devant le tableau.

Réponse:
(a) aille, prenne (b) sachions (c) fasse (d) s'asseye

8. Remplissez les tirets en utilisant le pronom relatif simple ou composé : **5**
(a) C'est Arjun, pour ____________ (qui, lequel, que) j'ai acheté ce collier.
(b) Promenons-nous dans ce parc, autour ____________ (lequel, duquel, où) il y a de grands orangers.
(c) Regarde le buffet sur ____________ (auquel, que, lequel) il y a un beau vase chinois.
(d) L'étranger ____________ (dont, à laquelle, qui) tu m'avais parlé vient d'avoir un accident.
(e) Dis-moi ____________ (à lesquelles, dont, à qui) vous allez montrer vos belles photos !

Réponse:
(a) qui (b) duquel (c) lequel (d) dont (e) à qui

9. Répondez affirmativement aux questions en utilisant le pronom personnel : **5**
(a) Antoine a-t-il rangé les cartes postales ?
(b) Souhaitez-vous utiliser mes ciseaux ?
(c) Partiront-ils pour Tokyo demain ?
(d) Vas-tu voyager avec tes frères et sœurs ?
(e) Souhaiteraient-elles discuter avec le directeur général ?

Réponse:
(a) Oui, il les a rangées.
(b) Oui, je veux les utiliser.
(c) Oui, ils y partiront demain./ Oui, ils partiront pour Tokyo demain.
(d) Oui, je vais voyager avec eux.
(e) Oui, elles souhaiteraient discuter avec lui.

10. Formez des questions pour les réponses suivantes : **5**
(a) Elle discutera pendant un long moment.
(b) Oui, il m'avait appelé.
(c) Ce disque appartient à Marc.
(d) Quant à moi, j'en ai quatre.
(e) Nous nous rendons à la discothèque.

Réponse:
(a) Combien de temps discutera-t-elle ?
(b) Est-ce qu'il t'avait appelé ?
(c) À qui appartient ce disque ?
(d) Combien en as-tu ?
(e) Où vous rendez-vous ?

OU

11. Mettez au discours direct ou indirect selon le cas : **5**
(a) Ma cousine me demande : « À quelle heure viendras-tu me chercher ? »
(b) Sophie demande à ses amis : « Nous rencontrerons-nous samedi prochain ? »

(c) La mère de Clara lui demande ce qu'elle a mis entre ses livres.
(d) Papa conseille à Ravi : « Ne conduis pas trop vite ! »

Réponse:
(a) Ma cousine me demande à quelle heure je viendrai la chercher.
(b) Sophie demande à ses amis s'ils se rencontreront samedi prochain.
(c) La mère de Clara lui demande : « Qu'est-ce que tu as mis entre tes livres ? »
(d) Papa conseille à Ravi de ne pas conduire trop vite.

SECTION D

12. Répondez à cinq des questions suivantes : **10**
(a) Que devez-vous faire après avoir tapé des textes ?
(b) Qu'est-ce qu'un journal hebdomadaire ?
(c) Qu'est-ce que le « Panchatantra » ?
(d) À quoi sert une carte Visa ?
(e) Quelle est la vitesse maximale autorisée sur les autoroutes et les routes ?
(f) Que fait-on lorsqu'on tombe sur un répondeur ?

Réponse:
(a) Après avoir tapé des textes, vous devez les relire pour vérifier les erreurs et les corriger.
(b) Un journal hebdomadaire est un journal qui est publié une fois par semaine.
(c) Le « Panchatantra » est une ancienne collection de contes indiens, principalement destinés à enseigner des leçons de morale et de sagesse.
(d) Une carte Visa sert à effectuer des paiements et des retraits d'argent dans le monde entier, de manière sécurisée.
(e) La vitesse maximale autorisée sur les autoroutes est généralement de 130 km/h, et sur les routes, elle est de 90 km/h, mais ces limites peuvent varier selon le pays ou la région.
(f) Lorsqu'on tombe sur un répondeur, on laisse généralement un message vocal pour communiquer ses informations ou intentions.

13. Associez les éléments de la colonne A avec ceux de la colonne B et réécrivez les réponses : **3**

Colonne A	Colonne B
(a) Eurostar	(i) L'Assemblée Nationale
(b) Une chaîne	(ii) Les Trois Mousquetaires
(c) Carte téléphonique	(iii) Eurotunnel
(d) Bateaux-Mouches	(iv) ARTE
(e) Les Députés	(v) Seine
(f) Alexandre Dumas	(vi) téléphoner

Réponse:
(a) Eurostar - (iii) Eurotunnel
(b) Une chaîne - (iv) ARTE
(c) Carte téléphonique - (vi) téléphoner
(d) Bateaux-Mouches - (v) Seine

(e) Les Députés - (i) L'Assemblée Nationale
(f) Alexandre Dumas - (ii) Les Trois Mousquetaires

14. Complétez les tirets : **3**
(a) __________ et __________ sont deux rubriques d'un journal.
(b) Un ___________ paraît chaque mois.
(c) Antoine de Saint Exupéry est l'auteur de « ___________ ».
(d) __________ et ____________ sont deux parties d'un CV.

Réponse:
(a) La politique et la culture sont deux rubriques d'un journal.
(b) Un mensuel paraît chaque mois.
(c) Antoine de Saint Exupéry est l'auteur de « Le Petit Prince ».
(d) L'expérience professionnelle et la formation sont deux parties d'un CV.

15. Répondez par « Vrai » ou « Faux » : **4**
(a) Gagner un match de tennis requiert une collaboration en équipe.
(b) Il est obligatoire de parler au téléphone portable lorsque l'on conduit.
(c) Pour rester en bonne santé, il est essentiel de boire du coca tous les soirs.
(d) Lire un journal est essentiel pour se tenir informé.

Réponse:
(a) Faux (b) Faux (c) Faux (d) Vrai

Introduction to (NEP) New Education Policy of India

URL	QR
https://youtu.be/6sKTXOY_vFw	

CBSE CLASS 10 FRENCH SOLVED SAMPLE PAPERS 3

SUBJECT CODE 018

Roll No. | | | | | | | | Q.P. Code No

Candidates must write the Q.P. Code on the title page of the answer-book.

Instructions:

- Please check that this question paper contains 4 printed pages.
- Q.P. Code given on the right-hand side of the question paper should be written on the title page of the answer-book by the candidate.
- Please check that this question paper contains 16 questions.
- Please write down the serial number of the question in the answer-book before attempting it.

SUMMATIVE ASSESSMENT – II

FRENCH

Time allotted: 3 hours **Maximum Marks: 80**

The Question paper is divided into four sections :

Section A : Reading Comprehension	- 10 marks
Section B : Writing	- 20 marks
Section C : Grammar	- 30 marks
Section D : Culture and Civilisation	- 20 marks

SECTION - A

(Compréhension) **10 Marks**

1. Lisez attentivement le texte suivant et répondez aux questions :

Le Gouffre de Padirac est une entrée imposante d'une cavité naturelle, située dans le département du Lot, en France, avec un diamètre d'environ 35 mètres. À 103 mètres de profondeur, une rivière souterraine coule dans cette cavité, traversant une grande partie d'un réseau de plus de 40 kilomètres. Le spéléologue Édouard-Alfred Martel est celui

qui a découvert la rivière souterraine du Gouffre de Padirac. Cette rivière mesure 20 kilomètres de long et sa profondeur varie de 50 cm à 6 mètres dans la zone accessible aux visiteurs, avec une température constante de 12°C pour l'eau et de 13°C pour l'air dans la grotte. Padirac détient le record de fréquentation du tourisme souterrain en France avec plus de 400 000 visiteurs annuels, et un record de 460 000 entrées en 1991. La société d'exploitation spéléologique emploie 85 personnes, principalement des saisonniers. Actuellement, le Gouffre de Padirac figure parmi les cent plus longues cavités souterraines naturelles.
spéléologue : un scientifique qui étudie les grottes.

1.1 Sélectionnez la bonne réponse : **0.5 × 4 = 2**
(a) Le Gouffre de Padirac est une ...
(i) rivière souterraine.
(ii) cavité naturelle.
(iii) ville française.
(b) Au fond de la cavité, on trouve ...
(i) une rivière souterraine.
(ii) une ville française.
(iii) une société d'exploitation spéléologique.
(c) La longueur de la rivière souterraine est de ...
(i) 50 kilomètres.
(ii) 85 kilomètres.
(iii) 20 kilomètres.
(d) Padirac accueille plus de _visiteurs par an.
(i) 460 000
(ii) 500 000
(iii) 400 000

Réponse:
(a) (ii) cavité naturelle. (b) (i) une rivière souterraine. (c) (iii) 20 kilomètres. (d) (iii) 400 000.

1.2 Indiquez si c'est « Vrai » ou « Faux » : **0.5 × 4 = 2**
(a) Le Gouffre de Padirac se trouve dans le département du Lot en France.
(b) La découverte de la rivière souterraine a été faite par le spéléologue Édouard-Alfred Martel.
(c) La température de l'eau est toujours supérieure à celle de la grotte.
(d) Le Gouffre de Padirac figure parmi les cent plus longues cavités souterraines naturelles.

Réponse:
(a) Vrai (b) Vrai (c) Faux (d) Vrai

1.3 Complétez les phrases avec les mots du texte : **1x4=4**
(a) Allons au bord de la petite rivière qui (varie, coule, visite) derrière la maison !
(b) Raghav a beaucoup de fièvre. Sa température (constante, varie, située) de 102° F à 104°. Il doit aller chez le médecin.
(c) Ce matin, le (record, tourisme, réseau) télématique est en panne. On ne peut pas envoyer un mél.
(d) Il y a trop de monde devant le musée; en (saisonnier, fond, majorité) des élèves étrangers !

Réponse:
(a) coule (b) varie (c) réseau (d) majorité

1.4 Trouvez dans le texte : **0.5x4=2**

(a) le contraire de « artificielle ».
(b) la forme substantivée de « développer ».
(c) un synonyme de « énorme ».
(d) la forme verbale de « la variété ».

Réponse:
(a) naturelle (b) développement (c) imposante (d) varier

SECTION – B
(Expression Écrite) 20 Marks

2. Écrivez une lettre d'environ 80 mots : 10
(a) À votre ami(e) qui se sent triste. Donnez-lui des conseils pour se sentir mieux.

OU

(b) À vos grands-parents pour leur dire ce que vous aimez faire pendant vos vacances.

Réponse:
(a) Cher(e) ami(e),

Je suis désolé(e) d'apprendre que tu te sens triste. Sache que tout le monde traverse des moments difficiles, mais cela va passer. Je te conseille de sortir un peu, même juste pour une courte promenade, ça peut vraiment aider à alléger l'esprit. N'hésite pas à parler de ce que tu ressens avec quelqu'un en qui tu as confiance. Il est aussi important de prendre soin de toi, de faire des choses que tu apprécies. Je suis là pour toi, n'oublie pas !

Prends soin de toi,

[Ton prénom]

(b) Chers grands-parents,

J'espère que vous allez bien ! Pendant mes vacances, j'aime beaucoup me détendre et passer du temps à l'extérieur. Je fais souvent des promenades à vélo, je lis des livres et je me retrouve avec des amis pour des activités amusantes. Le temps est agréable, et je profite de chaque instant. J'ai aussi visité quelques endroits intéressants et je vous raconterai tout cela bientôt. J'espère vous voir très bientôt.

Avec tout mon amour,

[Votre prénom]

3. Mettez les phrases du dialogue dans l'ordre correct : 5
- Bonjour à tous ! Je suis Lin Ling, je viens de Beijing.
- Salut Lin Ling ! Quelles langues parles-tu ?
- Je parle Mandarin, Français et Anglais. Aujourd'hui, c'est mon premier jour au lycée.
- Bienvenue Lin Ling ! Il faudrait que tu nous apprennes le Mandarin.
- Bien sûr ! Apprendre une nouvelle langue est enrichissant.

Réponse:
Bonjour à tous ! Je suis Lin Ling, je viens de Beijing.
Salut Lin Ling ! Quelles langues parles-tu ?
Je parle Mandarin, Français et Anglais. Aujourd'hui, c'est mon premier jour au lycée.

Bienvenue Lin Ling ! Il faudrait que tu nous apprennes le Mandarin.
Bien sûr ! Apprendre une nouvelle langue est enrichissant.

OU

4. (a) Ton ami t'invite à regarder un film ensemble, mais tu ne peux pas y aller. Laisse-lui un message d'environ 30 mots pour lui expliquer :

OU

(b) Invite ton ami(e) à une soirée musicale dans ton quartier. Rédige un message d'environ 30 mots pour lui donner l'invitation.

Réponse:

(a) Salut ! Merci pour l'invitation, mais je ne peux pas venir ce soir. J'ai déjà un autre engagement. On se rattrapera une autre fois pour regarder un film ensemble !

(b) Salut ! Il y a une soirée musicale dans mon quartier ce samedi soir. Ça te dirait de venir passer un bon moment ? On se retrouve à 19h devant la salle de concert !

5. Complétez le texte avec les mots/expressions suivants :
(gagné, Wimbledon, joueur, différentes, meilleur)

Julien Dupont est un __________ de tennis français. Il est reconnu par de nombreux experts comme étant le __________ joueur sur terre battue dans l'histoire du tennis. Il a __________ plusieurs tournois du Grand Chelem. Il a aussi remporté le tournoi de __________ en 2008 et 2010, l'Open d'Australie en 2009 et l'US Open en 2010 et 2013. De plus, il reste le seul __________ à avoir __________ trois titres du Grand Chelem sur trois types de surfaces __________ en une seule année (gazon, terre battue, dur).

Réponse:

Julien Dupont est un **joueur** de tennis français. Il est reconnu par de nombreux experts comme étant le **meilleur** joueur sur terre battue dans l'histoire du tennis. Il a **gagné** plusieurs tournois du Grand Chelem. Il a aussi remporté le tournoi de **Wimbledon** en 2008 et 2010, l'Open d'Australie en 2009 et l'US Open en 2010 et 2013. De plus, il reste le seul **joueur** à avoir **gagné** trois titres du Grand Chelem sur trois types de surfaces **différentes** en une seule année (gazon, terre battue, dur).

SECTION - C
(Grammaire) 30 Marks

6. Complétez avec les articles définis, indéfinis, partitifs ou contractés (le, la, l', les, un, une, des, au, aux, du, de la, de l', des): **0.5×10=5**

Si vous souhaitez aider votre mère, vous pourrez aller faire __________ course __________ marché. Vous achèterez __________ fruits et __________ légumes. Ensuite, vous irez acheter __________ pain à __________ boulangerie. Après cela, vous achèterez __________ lait et __________ œufs dans __________ crémerie. Finalement, vous pourrez déguster __________ glace!

Réponse:

Si vous souhaitez aider votre mère, vous pourrez aller faire **les** courses au marché. Vous achèterez **des** fruits et **des** légumes. Ensuite, vous irez acheter **du** pain à **la** boulangerie. Après cela, vous achèterez **du** lait et des œufs dans **la** crémerie. Finalement, vous pourrez déguster **de la** glace !

7. Complétez les phrases avec les pronoms relatifs simples ou composés : **1x5=5**

(a) Le parc – (sur lequel, dans lequel, près duquel) Maxime habite est grand.
(b) L'image – (que, qui, laquelle) nous observons est magnifique.
(c) Je viens d'acheter le livre – (que, dont, auquel) tu m'as recommandé.
(d) Les questions (desquelles, auxquelles, que) Marc me donne les réponses sont faciles.
(e) Voici mon ami (qui, que, lequel) vit en Italie.

Réponse:
(a) Le parc dans lequel Maxime habite est grand.
(b) L'image que nous observons est magnifique.
(c) Je viens d'acheter le livre que tu m'as recommandé.
(d) Les questions auxquelles Marc me donne les réponses sont faciles.
(e) Voici mon ami qui vit en Italie.

8. Complétez les phrases avec les adjectifs ou les pronoms possessifs : **1x5=5**
(a) Je ne trouve pas mes lunettes. Puis-je me servir -, (des tiens, du tiens, tes) s'il te plaît?
(b) Ces images ne sont pas claires. Comment sont- (nos, vos, les nôtres) ?
(c) Mes élèves, rédigez bien- (nos, vos, les vôtres) réponses, s'il vous plaît !
(d) Sita va envoyer les cartes à ses cousins. Et eux, les enverront-ils (les leurs, leurs, aux leurs) ?
(e) L'aveugle traverse la rue avec— - (le sien, le tien, son) chien.

Réponse:
(a) Je ne trouve pas mes lunettes. Puis-je me servir des tiennes, s'il te plaît ?
(b) Ces images ne sont pas claires. Comment sont- les vôtres ?
(c) Mes élèves, rédigez bien vos réponses, s'il vous plaît !
(d) Sita va envoyer les cartes à ses cousins. Et eux, les enverront-ils aux leurs ?
(e) L'aveugle traverse la rue avec son chien.

9. Remplacez les noms avec les pronoms personnels : **1x5=5**
(a) As-tu complété les exercices de grammaire ? (les, lui, y)
(b) Clara n'ira pas à Marseille. (la, lui, y)
(c) Montre ta photo, s'il te plaît ! (la, lui, en)
(d) Souvenez-vous de votre séjour en France ? (lui, en, votre)
(e) Je passerai le week-end avec mon grand-père.(elle, moi, lui)

Réponse:
(a) Les as-tu complétés ?
(b) Padma n'y ira pas.
(c) Montre-la, s'il te plaît !
(d) Vous en souvenez-vous ? – Incorrect. It should be: Vous en souvenez-vous ?
(e) Je passerai le week-end avec lui.

10. Complétez en mettant les verbes aux temps appropriés : **1x5=5**
(a) Il est important que vous ____ (faites, fassiez, faisiez) le travail correctement.
(b) Nous aurions gagné de bons points si nous ______ (avions étudié, étudiions, étudions) davantage.
(c) (As, Ait, Aie) un peu de patience, s'il te plaît !
(d) Le concours ________ (commencera, commencerait, va commencer) dans cinq minutes !
(e) Lorsque j'__ (apprends, apprendrai, apprenais) les verbes, mon ami a téléphoné.

Réponse:

(a) Il est important que vous **fassiez** le travail correctement.
(b) Nous aurions gagné de bons points si nous **avions étudié** davantage.
(c) **Aie** un peu de patience, s'il te plaît !
(d) Le concours **commencera** dans cinq minutes !
(e) Lorsque j'**apprenais** les verbes, mon ami a téléphoné.

11. Transformez au discours direct ou indirect selon le contexte : **1x5=5**
(a) Mon oncle me dit : « Ne conduis pas trop vite s'il pleut ! »
(b) Mme Dupont annonce que la fête de la musique se tiendra la semaine prochaine.
(c) Le serveur nous demande ce que nous souhaitons boire.
(d) Le docteur demande à la jeune fille : « As-tu mal au dos ? »
(e) Je demande à Lina : « Quand es-tu rentrée d'Australie ? »

Réponse:
(a) Mon oncle me dit de ne pas conduire trop vite s'il pleut.
(b) Mme Dupont annonce : « La fête de la musique se tiendra la semaine prochaine. »
(c) Le serveur nous demande : « Que souhaitez-vous boire ? »
(d) Le docteur demande à la jeune fille si elle a mal au dos.
(e) Je demande à Lina quand elle est rentrée d'Australie.

12. Mettez les verbes au participe présent ou au gérondif pour compléter les phrases : **1x5=5**
(a) J'écris un message ______ (réfléchissant, en réfléchissant) aux bons mots.
(b) Le professeur observait les élèves ______ (travaillant, en travaillant) en silence.
(c) Aisha a vu les oiseaux ______ (volant, en volant) autour de l'arbre, ce qui l'a émerveillée.
(d) Évitez de manger ______ (parlant, en parlant), c'est plus poli.
(e) Le petit garçon s'est fait mal au genou ______ (courant, en courant) dans le couloir.

Réponse:
(a) J'écris un message **en réfléchissant** aux bons mots.
(b) Le professeur observait les élèves **travaillant** en silence.
(c) Aisha a vu les oiseaux **volant** autour de l'arbre, ce qui l'a émerveillée.
(d) Évitez de manger **en parlant**, c'est plus poli.
(e) Le petit garçon s'est fait mal au genou **en courant** dans le couloir.

SECTION - D
(Culture Et Civilisation) 20 Marks

13. Répondez à cinq des questions suivantes : **2x5=10**
(a) Quels défis peut-on rencontrer en consultant ses nouveaux courriels ?
(b) Que signifie « un droit humain fondamental » ?
(c) Où réside et travaille le Président de la France ?
(d) À quoi sert la carte Orange ?
(e) Comment économiser l'eau ? Donnez deux méthodes.
(f) Que devrait-on faire en cas de maladie ?

Réponse:
(a) On peut rencontrer des défis comme la gestion du spam, la surcharge de messages non lus, la difficulté de trier les informations importantes, ou encore le risque de tomber sur des courriels frauduleux (phishing).
(b) Un « droit humain fondamental » fait référence aux droits essentiels et universels que chaque individu possède simplement en raison de son humanité, tels que le droit à la vie, à la liberté, à l'éducation, et à l'égalité devant la loi.

(c) Le Président de la France réside et travaille principalement au Palais de l'Élysée, situé à Paris.
(d) La carte Orange était une carte de transport utilisée à Paris et en Île-de-France pour accéder aux transports publics, comme les bus, le métro et les trains. Elle a été remplacée par d'autres cartes et abonnements.
(e) Deux méthodes pour économiser l'eau sont : 1) Installer des économiseurs d'eau sur les robinets et les douches pour réduire le débit. 2) Utiliser des machines à laver et des lave-vaisselle seulement lorsqu'ils sont pleins.
(f) En cas de maladie, il est conseillé de consulter un médecin pour obtenir un diagnostic précis, de se reposer suffisamment, de boire beaucoup d'eau, et de suivre les recommandations médicales.

14. Reliez les colonnes A et B et récrivez : **0.5×6=3**

Colonne A	Colonne B
(a) problème de cœur	(1) billet
(b) réchauffement	(2) crise cardiaque
(c) répétition	(3) culturelle
(d) répondeur	(4) terre
(e) confirmation	(5) concert
(f) diversité	(6) message

Réponse:
(a) problème de cœur - (2) crise cardiaque
(b) réchauffement - (4) terre
(c) répétition - (5) concert
(d) répondeur - (6) message
(e) confirmation - (1) billet
(f) diversité - (3) culturelle

15. Indiquez « Vrai » ou « Faux » : **1x4=4**
(a) Il est important d'utiliser les transports en commun pour économiser du carburant. _______
(b) Un citoyen responsable n'élit pas son candidat préféré aux élections présidentielles. _______
(c) Apprendre sur une autre culture peut nous enrichir. _______
(d) Les usines qui polluent contribuent positivement à l'environnement. _______

Réponse:
(a) Vrai (b) Faux (c) Vrai (d) Faux

16. Choisissez la bonne réponse pour compléter chaque phrase : **0.5×6=3**
(a) Le docteur prescrit des _______ (ordonnance, médicaments, sécu).
(b) Bengaluru est une ville reconnue pour la _____ (technologie de l'information, mode, architecture).
(c) En France, pour aller au lycée, on utilise le _____ (taxi, bateau, métro).
(d) Il est important de découvrir la ________ (richesse, mode, faiblesse) présente dans la diversité des cultures.

Réponse:

(a) medicaments (b) technologie de l'information (c) métro (d) richesse

Information about the CBSE

URL	QR
https://youtu.be/uOkCDapmhKc	

CBSE CLASS 10 FRENCH SOLVED SAMPLE PAPERS 4

SUBJECT CODE 018

Q.P. Code No. 20

Roll No.

Candidates must write the Q.P. Code on the title page of the answer-book.

Instructions:

- Please check that this question paper contains 4 printed pages.
- Q.P. Code given on the right-hand side of the question paper should be written on the title page of the answer-book by the candidate.
- Please check that this question paper contains 16 questions.
- Please write down the serial number of the question in the answer-book before attempting it.
- 15 minutes time has been allotted to read this question paper. The question paper will be distributed at 10.15 a.m. From 10.15 a.m. to 10.30 a.m., the students will read the question paper only and will not write any answer on the answer-book during this period.

SUMMATIVE ASSESSMENT – II

FRENCH

Time allotted: 3 hours **Maximum Marks: 80**

The Question paper is divided into four sections:

Section A : Reading Comprehension - 10 marks
Section B : Writing - 20 marks
Section C : Grammar - 30 marks
Section D : Culture and Civilisation - 20 marks

SECTION A 10 marks

1. Lisez attentivement le texte et répondez aux questions suivantes :

L'île de Bali se situe à 3,2 km à l'est de Java, séparée par le détroit de Bali. Au centre de Bali se trouve une chaîne montagneuse avec plusieurs sommets dépassant 2000 mètres d'altitude, dont le plus haut, l'Agung, est un volcan actif surnommé la « montagne mère ». Le caractère volcanique de Bali favorise une fertilité exceptionnelle, tandis que ses montagnes élevées provoquent de fortes précipitations bénéfiques pour l'agriculture. Le sud de cette région montagneuse est destiné à la culture du riz. Le plus long cours d'eau est la rivière Ayung, et Bali ne possède pas de voies navigables importantes. L'île est entourée de récifs coralliens. Au sud, les plages ont du sable blanc, tandis

qu'au nord et à l'est, le sable est noir. Les plages de sable noir, de Pasut à Klatingdukuh, sont aménagées pour le tourisme. Au sud-est, trois petites îles — Nusa Penida, Nusa Lembongan et Nusa Ceningan — sont séparées de Bali par le détroit de Badung.
(récifs coralliens : coral reefs)

1.1 Répondez aux questions : **1×2=2**
(a) Quelle est l'importance des chaînes montagneuses élevées sur l'île de Bali ?
(b) Quelle différence y a-t-il entre les plages du sud et celles du nord ?

Réponse:
(a) Les chaînes montagneuses élevées provoquent de fortes précipitations bénéfiques pour l'agriculture.
(b) Les plages du sud ont du sable blanc, tandis que celles du nord et de l'est ont du sable noir.

1.2 Trouvez dans le texte un mot signifiant : **1×2=2**
(a) une céréale très populaire en Inde
(b) une masse de terre entourée d'eau

Réponse:
(a)riz
(b) île

1.3 Trouvez dans le texte les contraires des mots suivants : **½×4=2**
(a) bas
(b) passif
(c) faible
(d) montant

Réponse:
(a) élevé
(b) actif
(c) fortes
(d) sud

1.4 Identifiez dans le texte les formes nominales des verbes suivants : **½×4=2**
(a) produire
(b) précipiter
(c) cultiver
(d) séparer

Réponse:
(a) production
(b) précipitations
(c) culture
(d) séparation (implicite dans "séparée")

1.5 Indiquez « Vrai » ou « Faux » : **½×4=2**
(a) L'Agung est surnommé la « montagne mère ». ________
(b) La nature volcanique de Bali favorise sa fertilité. ________

(c) Bali est entourée de récifs coralliens. ________
(d) Le détroit de Badung sépare Bali de Java. ________

Réponse:
(a) Vrai (b) Vrai (c) Vrai (d) Faux

SECTION B — 20 marks

2. Rédigez une lettre d'environ 80 mots : **10**
(a) À votre cousin(e) pour lui expliquer le système politique en France.

OU

(b) À votre correspondant(e) français(e) pour lui décrire une fête organisée dans votre lycée.

Réponse:
(a) Cher(e) [Nom],

Je veux te parler du système politique en France. La France est une république et a un président élu tous les cinq ans. Le président est le chef de l'État et il nomme le Premier ministre, qui dirige le gouvernement. Le pays a aussi un parlement composé de l'Assemblée nationale et du Sénat, qui votent les lois. Les élections présidentielles et législatives permettent aux citoyens de choisir leurs représentants. Ce système garantit une démocratie où le peuple a le pouvoir.

À bientôt,
[Ton prénom]

(b) Cher(e) [Nom],

Je voulais te parler d'une fête incroyable organisée dans notre lycée récemment. C'était pour célébrer la fin de l'année scolaire. Il y avait de la musique, des jeux et de délicieux repas préparés par les élèves. Nous avons aussi organisé un concours de danse et une pièce de théâtre. Tout le monde était très enthousiaste et l'ambiance était géniale ! C'était l'occasion de se détendre avant les examens. J'espère que tu as déjà vécu des événements aussi amusants !

À bientôt,
[Ton prénom]

3. Mettez ce dialogue en ordre : **5**
– C'est vrai ? Pourquoi donc ?
– Ce soir, allons au restaurant, Sarah ! On va manger des hamburgers et des frites !
– Et c'est pourquoi tu te sens si bien ! Tu as raison, Sarah !
– Je suis désolée, Léa ! Je ne mange plus de fast-food !
– Parce que le fast-food n'est pas bon pour la santé. Je préfère manger des légumes et des fruits.

Réponse:
- Ce soir, allons au restaurant, Sarah ! On va manger des hamburgers et des frites !
- Je suis désolée, Léa ! Je ne mange plus de fast-food !
- Pourquoi donc ?

- Parce que le fast-food n'est pas bon pour la santé. Je préfère manger des légumes et des fruits.
- Et c'est pourquoi tu te sens si bien ! Tu as raison, Sarah !

OU

4.(a)Rédigez un message pour refuser l'invitation de Deepti à aller au théâtre :

OU

(b)Rédigez une invitation pour inviter votre ami(e) à passer quelques jours à la campagne :

Réponse:

(a) Désolée, Aditi ! Je ne pourrai pas venir ce soir. J'ai déjà des engagements. Mais j'espère qu'on pourra se retrouver une autre fois !

(b) Salut, Riya ! J'aimerais t'inviter à passer quelques jours chez moi à la campagne. Ce sera un moment agréable de détente. Dis-moi si tu es disponible !

5. Complétez le texte à l'aide des mots / des expressions donnés : **5**
(riz, Indien, Indonésie, nom, époque)

Java est une île d'_________ faisant partie de l'archipel Insulinde, bordée au sud par l'océan _________ et au nord par la mer de Java. Elle est entourée par Sumatra à l'ouest, Bali à l'est et Bornéo au nord. Son _________ proviendrait du sanskrit *Javadvipa*, signifiant « l'île du millet ». À cette _________, les habitants cultivaient déjà le millet. Ce n'est que plus tard que la culture du _________ a été introduite à Java.

Réponse:

Java est une île d'**Indonésie** faisant partie de l'archipel Insulinde, bordée au sud par l'océan **Indien** et au nord par la mer de Java. Elle est entourée par Sumatra à l'ouest, Bali à l'est et Bornéo au nord. Son **nom** proviendrait du sanskrit Javadvipa, signifiant « l'île du millet ». À cette **époque**, les habitants cultivaient déjà le millet. Ce n'est que plus tard que la culture du **riz** a été introduite à Java.

SECTION C **30 marks**

6. Complétez avec les prépositions suivantes : (sur, de, derrière, en, chez) **1×5=5**

(a) On admire les magnifiques palmiers ________ l'île de Rani.
(b) Les enfants vont passer leurs vacances ________ leurs grands-parents à la campagne.
(c) La chaleur est insupportable ________ été à Paris.
(d) Regarde ce bel oiseau perché ________ cet arbre imposant !
(e) Le chien de Samir est adorable. Il court ________ le petit chat blanc !

Réponse:

(a) sur (b) chez (c) en (d) sur (e) derrière

7. Identifiez la phrase et réécrivez-la : **1×5=5**

(a) du / matins / le / boive / tous / lait / médecin / qu' / exige / les / il.
(b) Consulat / lève / au / -toi / Général / heure / pour / France / de / de / aller / bonne.
(c) une / nous / nouvelle / devons / langue / apprendre / aidera / nous / qui.
(d) Italie / si / serait / vacances / eu / Shiva / il / avait / en / des / parti.
(e) j' / achetée / la / est / peinture / ai / chère / que / très.

Réponse:

(a) Le médecin exige qu'il boive du lait tous les matins.
(b) Lève-toi de bonne heure pour aller au Consulat Général de France.
(c) Nous devons apprendre une nouvelle langue qui nous aidera.
(d) Shiva serait parti en vacances en Italie s'il en avait eu.
(e) La peinture que j'ai achetée est très chère.

8. Remplissez les espaces avec les adjectifs ou pronoms possessifs suivants : **1×5=5**
(son, vos, sa, ma, leurs, aux siens, les miens, la tienne, la vôtre, au nôtre)
(a) Vous avez déjà terminé ______ travaux. Je n'ai pas encore fait ______.
(b) Elles viennent d'appeler ______ amis, mais lui, il doit appeler ______.
(c) J'ai perdu ______ carte de bibliothèque. En avez-vous ______ ?
(d) Ils parlent à ______ directeur. Nous n'allons pas parler ______.
(e) Sofia sortira avec ______ famille. Sortiras-tu avec ______ ?

Réponse:

(a) Vous avez déjà terminé **vos** travaux. Je n'ai pas encore fait **les miens**.
(b) Elles viennent d'appeler **leurs** amis, mais lui, il doit appeler **les siens**.
(c) J'ai perdu **ma** carte de bibliothèque. En avez-vous **la vôtre** ?
(d) Ils parlent à **leur** directeur. Nous n'allons pas parler **au nôtre**.
(e) Sofia sortira avec **sa** famille. Sortiras-tu avec **la tienne** ?

9. Formez des phrases négatives : **1×5=5**
(a) Il a déjà envoyé les cartes d'invitation.
(b) Tout le monde regarde la télévision toute la journée.
(c) Mon oncle préfèrerait de la soupe et du riz pour le dîner.
(d) Maman va mettre plein d'objets dans cette valise.
(e) Lucas appelle fréquemment son cousin.

Réponse:

(a) Il n'a pas encore envoyé les cartes d'invitation.
(b) Personne ne regarde la télévision toute la journée.
(c) Mon oncle ne préférerait pas de la soupe et du riz pour le dîner.
(d) Maman ne va pas mettre plein d'objets dans cette valise.
(e) Lucas n'appelle jamais son cousin.

10. Mettez les verbes aux temps appropriés : **1×5=5**
(a) M. Dupont a vu quelqu'un _____ (se cachant, en se cachant, cachant) derrière le mur.
(b) Dès que j' _____ (ai reçu, recevrai, avais reçu) la lettre, j'ai appelé mes parents.
(c) Si tu avais terminé ton travail à temps, tu _____ (aurais pu, pourrais, pourras) envoyer l'email.
(d) Dès que papa reviendra à la maison, il _____ (apercevra, aperçoit, aura aperçu) le grand colis sur la table.
(e) _____ (Dépêchez-vous, Vous dépêchez, Vous vous dépêchez), monsieur ! Sinon, vous allez manquer votre vol !

Réponse:

(a) M. Dupont a vu quelqu'un **se cachant** derrière le mur.
(b) Dès que j' **ai reçu** la lettre, j'ai appelé mes parents.
(c) Si tu avais terminé ton travail à temps, tu **aurais pu** envoyer l'email.
(d) Dès que papa reviendra à la maison, il **apercevra** le grand colis sur la table.
(e) **Dépêchez-vous**, monsieur ! Sinon, vous allez manquer votre vol !

11. Changez au discours direct ou indirect selon le cas : **1×5=5**

(a) Je demande : « Maman, pensez-vous qu'il va pleuvoir ce matin ? »
(b) Clara demande au professeur si elle peut entrer dans la classe.
(c) Le directeur général dit : « Montrez-moi votre CV, M. Sharma ! »
(d) Maxime dit à son frère d'acheter de bons souvenirs de Paris.
(e) Mme Léa demande à sa sœur : « Que feras-tu en Inde ? »

Réponse:
(a) Je demande à ma mère si elle pense qu'il va pleuvoir ce matin.
(b) Clara demande au professeur : « Puis-je entrer dans la classe ? »
(c) Le directeur général demande à M. Sharma de lui montrer son CV.
(d) Maxime dit à son frère : « Achète de bons souvenirs de Paris ! »
(e) Mme Léa demande à sa sœur ce qu'elle fera en Inde.

OU

12. Mettez les verbes au subjonctif : **1×5=5**

(a) La mère de Priya veut qu'elle ______ (être) gentille avec son petit frère.
(b) Le professeur est heureux que Marc ______ (pouvoir) parler japonais si bien.
(c) Mme Dupont exige que tout le monde ______ (écriver) soigneusement pendant les examens.
(d) Il est nécessaire que vous ______ (remplir) les formulaires tout de suite.
(e) Pour être en bonne santé, il est important que je ______ (prendre) mon dîner à l'heure.

Réponse:
(a) La mère de Priya veut qu'elle **soit** gentille avec son petit frère.
(b) Le professeur est heureux que Marc **puisse** parler japonais si bien.
(c) Mme Dupont exige que tout le monde **écrive** soigneusement pendant les examens.
(d) Il est nécessaire que vous **remplissiez** les formulaires tout de suite.
(e) Pour être en bonne santé, il est important que je **prenne** mon dîner à l'heure.

SECTION D 20 marks

13. Répondez à cinq des questions suivantes :
(a) Pourquoi le 21 mai est-il une date significative ?
(b) Quel rôle joue Internet dans votre quotidien ? Expliquez pourquoi.
(c) Naomi vit en France et appelle son amie Simran à Delhi. Quels problèmes pourrait-elle rencontrer ? Mentionnez-en deux.
(d) Comment décririez-vous la vie des jeunes en France ?
(e) Quelles actions pouvons-nous entreprendre pour protéger notre planète ?
(f) Quels sports pratiquez-vous pour rester en forme ? Citez-en deux.

Réponse:
(a) Le 21 mai est significatif car il marque l'anniversaire de la bataille de Plassey en 1757, qui a joué un rôle clé dans la domination britannique en Inde.
(b) Internet est essentiel dans ma vie quotidienne pour l'accès à l'information, la communication, l'apprentissage en ligne et le travail à distance. Il facilite également les transactions financières et la gestion de la vie quotidienne.
(c) Naomi pourrait rencontrer des problèmes de décalage horaire, rendant difficile la coordination de l'appel. De plus, les différences linguistiques pourraient compliquer la communication si elles ne parlent pas la même langue.

(d) La vie des jeunes en France est marquée par un mélange d'études, de loisirs, et d'engagement dans des activités sociales ou politiques. Les jeunes sont souvent connectés au monde numérique, et ils sont sensibles aux problèmes environnementaux et sociaux.
(e) Pour protéger la planète, nous devons réduire la consommation de plastique, recycler davantage, adopter les énergies renouvelables, limiter les déchets alimentaires et encourager les transports écologiques.
(f) Pour rester en forme, je pratique le yoga et la marche. Ces activités sont accessibles et bénéfiques pour la santé physique et mentale.

14. Associez les éléments des colonnes A et B, puis réécrivez les phrases : **½×6=3**

Colonne A	Colonne B
(a) respecter	(i) de l'argent
(b)ouvrir	(ii) la différence
(c)donner	(iii) le jardin
(d)gagner	(iv) un rhume
(e) arroser	(v) le site
(f) attraper	(vi) un coup de fil

Réponse:
(a) respecter - (ii) la différence
(b) ouvrir - (v) le site
(c) donner - (i) de l'argent
(d) gagner - (iii) le jardin
(e) arroser - (iii) le jardin
(f) attraper - (iv) un rhume

15. Complétez ces phrases avec la bonne réponse : **½×6=3**
(a) Il faut lutter contre les ______.
(b) Votre ______ ne fonctionne pas. Vous avez un problème de connexion.
(c) En France, le ______ symbolise le pays tout entier.
(d) Mysore est la ville de la ______.
(e) Il faut réduire le ______ de la terre.
(f) On peut acheter les médicaments chez le ______.

Réponse:
(a) Il faut lutter contre les **pollutions**.
(b) Votre **internet** ne fonctionne pas. Vous avez un problème de connexion.
(c) En France, le **coq** symbolise le pays tout entier.
(d) Mysore est la ville de la **soie**.
(e) Il faut réduire le **réchauffement** de la terre.
(f) On peut acheter les médicaments chez le **pharmacien**.

16. Dites « Vrai » ou « Faux » : **1×4=4**
(a) Amit boit beaucoup d'eau en été. Il est sage. ______
(b) M. Sharma ne s'arrête jamais à feu rouge et il conduit très vite. Il est mauvais citoyen. ______
(c) Connaître une autre culture nous enrichit. ______
(d) Klaxonner devant l'hôpital est très bon pour les malades. ________

Réponse:
(a) Vrai (b) Vrai (c) Vrai (d) Faux

CBSE Class 10 French LEÇON 1 Retrouvons nos amis

URL	QR
https://youtu.be/HycpHj4vqq8	

CBSE CLASS 10 FRENCH SOLVED SAMPLE PAPERS 5

SUBJECT CODE 018

Roll No. | Q.P. **Code No. 20**

Candidates must write the Q.P.Code on the title page of the answer-book.

Instructions:

- Veuillez vérifier que ce questionnaire contient 4 pages imprimées.
- Le numéro de code indiqué sur le côté droit du questionnaire doit être écrit sur la première page du carnet des réponses par le candidat.
- Veuillez vérifier que ce questionnaire contient 17 questions.
- **Veuillez écrire le Numéro de Série de la question avant d'écrire sa réponse.**
- Please check that this question paper contains 7 printed pages.
- Code number given on the right-hand side of the question paper should be written on the title page of the answer-book by the candidate.
- Please check that this question paper contains 17 questions.
- **Please write down the Serial Number of the question before attempting it.**

SUMMATIVE ASSESSMENT – II
FRENCH

Time allotted: 3 hours | **Maximum Marks: 80**

SECTION – A
(Compréhension écrite) | **10 Marks**

I. Lisez attentivement le texte :
De Pékin à Londres, en passant par New Delhi ou Barcelone, la pollution de l'air touche un nombre croissant de grandes villes à travers le monde. Selon un rapport de l'Organisation mondiale de la santé (OMS) sur la qualité de l'air, moins de 12% de la population mondiale respirerait un air non pollué. La pollution de l'air serait à l'origine de 3,3 millions de décès chaque année. Dans les zones urbaines récemment industrialisées comme Pékin et New Delhi, la situation est particulièrement préoccupante. Après les célébrations de Diwali en octobre 2016, le site américain CNN titrait : "New Delhi est la ville la plus polluée sur terre aujourd'hui." De même, en Chine, malgré les efforts du gouvernement central, 23 villes ont été placées en alerte rouge en décembre. À Londres, en janvier 2017, le taux de

particules fines a dépassé celui de Pékin. Au Royaume-Uni, les problèmes de santé liés à la pollution coûtent chaque année environ 15 milliards de livres au pays.

(a) Répondez aux questions : **2**

(i) Selon le rapport de l'Organisation mondiale de la santé, de quoi la pollution de l'air serait-elle responsable ?

(ii) Qu'est-ce qui s'est produit à Londres en janvier 2017 ?

(b) Trouvez les contraires dans le texte : **2**

(i) moins en moins

(ii) seul

(iii) solutions

(iv) rurales

(c) Trouvez dans le texte : **2**

(i) un gérondif

(ii) une fête

(iii) deux pays

(d) Identifiez dans le texte : **2**

(i) La forme nominale de "mourir" et "situer"

(ii) La forme verbale de "respiration" et "titre"

(e) Dites si les affirmations sont vraies ou fausses : **2**

(i) En Chine, 32 villes ont été placées en alerte rouge en décembre.

(ii) Selon le rapport de l'OMS sur la qualité de l'air, moins de 12% de la population mondiale respirerait un air non pollué.

Réponse:

(a) (i) La pollution de l'air serait responsable de 3,3 millions de décès chaque année.

(ii) À Londres, en janvier 2017, le taux de particules fines a dépassé celui de Pékin.

(b) (i) plus en plus (ii) tout seul (iii) problèmes (iv) urbaines

(c) (i) en passant (ii) Diwali (iii) Inde, Chine

(d) (i) mort, situation (ii) respirer, titrer

(e) (i) Faux (ii) Vrai

SECTION – B

(Expression Écrite) 20 Marks

II. Écrivez une lettre d'environ 80 mots : **10**

(a) À vos grands-parents pour leur expliquer le système éducatif en France.

OU

(b) À votre cousin(e) pour lui donner des conseils sur les actions à entreprendre afin de préserver l'environnement.

Réponse:

(a) Chers grands-parents,

J'espère que vous allez bien ! Aujourd'hui, je voudrais vous expliquer un peu comment fonctionne le système éducatif en France. En France, l'école est gratuite et obligatoire de 3 à 16 ans. Les enfants commencent par l'école maternelle à l'âge de 3 ans, où ils apprennent à socialiser et à développer des compétences de base. Ensuite, ils passent à l'école élémentaire, où ils étudient des matières comme les mathématiques, le français, et les sciences.

Après l'école élémentaire, les enfants vont au collège pendant quatre ans, de 11 à 15 ans, avant de continuer au lycée pour deux années supplémentaires, où ils se préparent à leur bac. Le bac est un examen final important, qui détermine souvent la voie professionnelle ou universitaire qu'ils vont suivre.
J'espère que ces informations vous aident à mieux comprendre comment l'éducation fonctionne ici ! Je vous embrasse et vous dis à bientôt.

Avec tout mon amour,
[Votre prénom]

(b) Cher(e) [Nom du cousin ou de la cousine],

J'espère que tu vas bien ! Je voulais te donner quelques conseils pour préserver notre environnement. Tout d'abord, il est important de réduire notre consommation d'énergie. Par exemple, éteindre les lumières et les appareils électriques quand on ne les utilise pas peut faire une grande différence. Ensuite, il faut recycler autant que possible. Les plastiques, papiers et cartons peuvent être recyclés et réutilisés. De plus, il est essentiel de privilégier les transports en commun ou le vélo pour réduire les émissions de gaz à effet de serre.
Enfin, n'oublions pas de planter des arbres, car ils sont essentiels pour notre planète ! Je suis sûr(e) que si nous agissons ensemble, nous pourrons contribuer à préserver notre environnement.
Prends soin de toi et à bientôt !

Bien à toi,
[Votre prénom]

III. Faites deux des questions suivantes : **5×2 = 10**
(a) Réorganisez et récrivez ce dialogue : **5**
Le vendeur : Regardez aussi ces belles tomates !
La cliente : Oui, merci !
Le vendeur : Donc, un kilo de pommes de terre et un kilo de tomates... est-ce tout ?
La cliente : Je voudrais des pommes de terre. Un kilo, s'il vous plaît.
Le vendeur : Bonjour ! Que désirez-vous ?
La cliente : Oui… elles ont l'air bonnes… donnez-m'en un kilo.

Réponse:
Le vendeur : Bonjour ! Que désirez-vous ?
La cliente : Je voudrais des pommes de terre. Un kilo, s'il vous plaît.
Le vendeur : Donc, un kilo de pommes de terre et un kilo de tomates... est-ce tout ?
La cliente : Oui, merci !
Le vendeur : Regardez aussi ces belles tomates !
La cliente : Oui… elles ont l'air bonnes… donnez-m'en un kilo.

(b) Ton ami t'a proposé de l'accompagner au cinéma, mais tu ne peux pas y aller. Rédige un message pour refuser l'invitation et explique la raison de ton absence en 30 à 35 mots. **5**

Réponse:
Salut ! Merci pour l'invitation, mais je ne peux pas venir au cinéma ce soir. J'ai déjà des engagements et je dois réviser pour un examen important. On se rattrapera une autre fois !

(c) Complétez le texte suivant avec les mots donnés ci-dessous : **5**

(y / lesquels / decorations / plus / guirlandes / visiteurs / marché / chaque / verre / place)

Le ____ de Noël de Lille a lieu ______ année sur la ______ centrale et est très apprécié pour son animation et ses illuminations. Lorsque la ville s'illumine … le marché devient le ______ animé. Les ____ se baladent dans les allées … On ____ trouve de petits kiosques dans ______ on vend des ____ de Noël : des ____, des boules de Noël en ______, des étoiles .

Réponse:
(i) Marché (ii) chaque (iii) place (iv) plus (v) visiteurs (vi) y (vii) lesquels (viii) decorations (ix) guirlandes (x) verre.

SECTION – C
(Grammaire) 30 Marks

IV. Complétez les phrases avec les temps convenables des verbes : 3

(a) Est-ce que vous ____ en Allemagne l'année prochaine ? (seriez allé/irez/êtes allés)
(b) Lorsque mes amies s'étaient préparées, elles ____ (partiront/étaient parties/sont parties)
(c) Hier, nous ____ tranquillement dans le parc, soudain il a commencé à pleuvoir. (nous promenions/nous sommes promenés)
(d) Rohan fera ses devoirs aussitôt qu'il ____ la leçon. (lira/aurait lu/aura lu)
(e) ____ du courage, mes enfants ! (Ayez/Aie/Avez)
(f) Si tu aimais la peinture, tu ____ des tableaux. (peignais/peindrais/as peint)

Réponse:
(a) irez (b) sont parties (c) nous promenions (d) aura lu (e) Ayez (f) peignais

V. Transformez les phrases en discours direct ou indirect : 3

(a) L'enseignante dit aux étudiants de compléter les activités dans leurs cahiers.
(b) Priya demande à sa fille : « Que souhaites-tu pour ton anniversaire ? »
(c) L'agent demande au touriste : « Avez-vous votre passeport ? »

Réponse:
(a) L'enseignante dit : « Complétez les activités dans vos cahiers. »
(b) Priya demande à sa fille ce qu'elle souhaite pour son anniversaire.
(c) L'agent demande au touriste s'il a son passeport.

VI. Transformez les phrases suivantes en négatif : 3

(a) Priya a mangé du riz et du poisson.
(b) Elle travaille toujours chez IBM.
(c) J'ai vu quelque chose dans ton sac.

Réponse:
(a) Priya n'a pas mangé de riz ni de poisson.
(b) Elle ne travaille plus chez IBM.
(c) Je n'ai rien vu dans ton sac.

VII. Trouvez la question : 3

(a) Les enfants adorent les chocolats.
(b) Il ira à Bengaluru en train.

(c) Je ne viens pas chez vous parce que je suis malade.

Réponse:
(a) Qu'est-ce qu'ils adorent ? / Que les enfants,adorent-ils ?
(b) Comment il ira à Bengaluru ?
(c) Pourquoi/Pour quelle raison est-ce que tu ne viens pas/ne viens-tu pas/tu ne viens pas chez moi/nous ?

VIII. Reliez avec les pronoms relatifs composés : **3**
(a) Le quartier est très beau. Nous habitons dans ce quartier.
(b) Ce sont mes amis. J'ai téléphoné à ces amis hier soir.
(c) J'adore cette église. Il y a un beau jardin devant cette église.

Réponse:
(a) Le quartier dans lequel nous habitons est très beau.
(b) Ce sont mes amis à qui j'ai téléphoné hier soir.
(c) J'adore cette église devant laquelle il y a un beau jardin.

IX. Conjuguez le verbe au subjonctif : **3**
(a) Les parents de Ravi sont heureux qu'il ______ (avoir) de bonnes notes aux examens.
(b) Sonia est en colère que je ______ (apprendre) ses secrets.
(c) Il est nécessaire que nous ______ (se coucher) tôt ce soir.

Réponse:
(a) ait (b) apprenne (c) nous couchions

X. Complétez avec les adjectifs ou les pronoms démonstratifs : **3**
(a) Achète ______ chemise-ci, pas ______.
(b) Tu connais le frère de Rahul ? – Non, je connais ______ de Manoj.
(c) Je préfère ______ films-ci. ______ ne sont pas aussi captivants.
(d) Regarde ______ chat ! Il est adorable !

Réponse:
(a) cette, celle-là (b) celui (c) ces, Ceux-là (d) ce

XI. Complétez avec les adjectifs ou les pronoms possessifs : **3**
(notre / mon / ses / la tienne / aux vôtres / la leur)
(a) Priya parle à ______ parents. Parlez-vous ______ ?
(b) ______ grand-père nous raconte des histoires. Et ______ ?
(c) Je vais chez ______ ami, mais ils ne vont pas chez ______.

Réponse:
(a) ses, aux vôtres
(b) Mon, le tien
(c) mon, le leur

XII. Remplacez les noms soulignés par : (en / les / y / leur) **3**
(a) Va à l'école !
(b) Elle a acheté les stylos à la papeterie.

(c) Nous allons écrire des lettres aux parents.

Réponse:
(a) Vas-y !
(b) Elle les a achetés à la papeterie.
(c) Nous allons leur écrire des lettres.

XIII. Complétez avec les prépositions : **3**
(a) Nous envoyons le paquet ______ avion.
(b) ______ faire une omelette, il nous faut des œufs.
(c) Hélène fait une promenade ______ la mer.
(d) As-tu commencé ______ lire la leçon ?
(e) Paul va au marché ______ ses amis.
(f) Ma sœur est malade ______ hier.

Réponse:
(a) par (b) Pour (c) près de (d) à (e) avec (f) depuis

SECTION – D
(Culture et Civilisation)

XIV. Répondez aux questions : (Choisissez 5) **10**
(a) Quel est le rôle d'une secrétaire ?
(b) Quelles informations avez-vous sur Port Blair ?
(c) Quels problèmes peut-on rencontrer lorsqu'on consulte les e-mails ?
(d) En quoi consiste la sécurité sociale ?
(e) Quelle est la composition du parlement français ? Quels sont les noms des membres des deux chambres ?
(f) Quelles sont vos habitudes pour rester en bonne forme ?

Réponse:
(a) Une secrétaire organise les tâches administratives, gère les appels et prépare les documents.
(b) Port Blair est la capitale des îles Andaman et Nicobar, connue pour ses plages et son histoire.
(c) On peut rencontrer des problèmes comme des spams ou des virus en consultant les e-mails.
(d) La sécurité sociale assure des services médicaux et des indemnités pour les citoyens.
(e) Le parlement français est composé de l'Assemblée nationale (députés) et du Sénat (sénateurs).
(f) Pour rester en forme, je fais de l'exercice régulièrement et je mange sainement.

XV. Choisissez la bonne réponse : **3**
(a) ______, c'est passer d'une chaîne de télévision à l'autre. (Zapper / Changer / Regarder)
(b) ______ est une chaîne de radio en France. (Europe 1 / France Info / RMC)
(c) Les Aiguilles de Bavella se trouvent en ______. (Corse / Savoie / Provence)
(d) ______ a écrit « Malgudi Days ». (R.K. Narayan / Vikram Seth / Rabindranath Tagore)
(e) ______ est une rubrique d'un journal. (L'Éditorial / Le Reportage / Le Critique)
(f) Jacques Prévert a écrit ______. (Paroles / Les Feuilles mortes / Le Cimetière marin)

Réponse:
(a) Zapper (b) France Info (c) Corse (d) R.K. Narayan (e) L'Éditorial (f) Paroles

XVI. Reliez et récrivez : **3**

(a) Baccalauréat	(i) Journée Mondiale de la Diversité Culturelle
(b) Carte de lecteur	(ii) Bengaluru
(c) ARTE	(iii) Lycée
(d) Ville de la technologie de l'information	(iv) Chef des armées
(e) Président	(v) Bibliothèque
(f) UNESCO	(vi) Reportage culturel

Réponse:
(a) Baccalauréat - (iii) Lycée
(b) Carte de lecteur - (v) Bibliothèque
(c) ARTE - (vi) Reportage culturel
(d) Ville de la technologie de l'information - (ii) Bengaluru
(e) Président - (iv) Chef des armées
(f) UNESCO - (i) Journée Mondiale de la Diversité Culturelle.

XVII. Dites vrai ou faux : **4**
(a) Les jeunes devraient passer leur temps à naviguer sur des sites web. _______
(b) Il est important de faire des efforts pour découvrir les différentes cultures du monde. _______
(c) Il est nécessaire de rester calme dans la bibliothèque. _______
(d) Il n'est pas nécessaire de faire des efforts pour protéger les ressources naturelles. _______

Réponse:
(a) Faux
(b) Vrai
(c) Vrai
(d) Faux

CBSE Class 10 French book | Entre Jeunes | Chapter 2 | Après le bac...

URL	QR
https://youtu.be/kQQTWySh1F8	

CBSE CLASS 10 FRENCH SOLVED SAMPLE PAPERS 6

SUBJECT CODE 018

Q.P. Code No. 20

Roll No.

Candidates must write the Q.P. Code on the title page of the answer-book.

Instructions:

- Please check that this question paper contains 4 printed pages.
- Q.P. Code given on the right-hand side of the question paper should be written on the title page of the answer-book by the candidate.
- Please check that this question paper contains 18 questions.
- Please write down the serial number of the question in the answer-book before attempting it.

SUMMATIVE ASSESSMENT – II

FRENCH

Time allotted: 2 hours **Maximum Marks: 80**

SECTION – A

(Compréhension) **10 Marks**

1. Lisez bien le texte :

Stanley Lieber, mieux connu sous le nom de Stan Lee, est le créateur de nombreux super-héros célèbres. Il a commencé sa carrière de dessinateur dans les années 1940, lorsqu'il n'avait pas encore 20 ans. Il a dessiné pour ''Timely'' en 1941. Cette société américaine publiait plusieurs comics, dont *Captain America.* Il est rapidement devenu scénariste, c'est-à-dire qu'il écrivait les histoires. ''Timely'' a ensuite changé de nom pour devenir ''Marvel''. C'est au début des années 1960 que Stan Lee a créé la plupart des super-héros célèbres, comme Hulk, Thor, X-Men, Iron-Man et Spider-Man. Dans les années 1980, il a lancé une carrière à la télévision et au cinéma, adaptant ses super-héros pour l'écran. En 1989, il est apparu pour la première fois dans un film. Stan Lee a eu le temps de participer à quelques films avant de nous quitter. Il devait notamment apparaître dans *Avengers 4* en 2019. Il est décédé le lundi 12 novembre 2018 à l'âge de 95 ans.

(a) Répondez : **2**

(i) Nommez quelques super-héros que Stanley Lieber a créés ?

(ii) Qu'est-ce qu'il avait fait lorsqu'il était très jeune ?

(b) Trouvez les contraires du texte : **2**

(i) inconnu
(ii) lentement
(iii) dernière
(iv) déjà
(c) Trouvez dans le texte : **2**
(i) la forme verbale de « commencement » ________ .
(ii) la forme verbale de « édition » ________ .
(iii) la forme nominale de « dessiner » ________ .
(iv) la forme nominale de « nommer » ________ .
(d) Écrivez ''vrai'' ou ''faux'' : **2**
(i) « Timely » était une société américaine.
(ii) « Captain America » était scénariste.
(iii) « Marvel » était le nouveau nom de « Timely ».
(iv) Stan Lee est apparu pour la première fois dans *Avengers 4*.
(e) Trouvez dans le texte : **2**
(i) un mot pour « renommer » :
(ii) une expression pour « au commencement » :

Réponse:
(a) (i) Hulk, Thor, X-Men, Iron-Man, Spider-Man
(ii) Il a commencé sa carrière de dessinateur dans les années 1940 lorsqu'il n'avait pas encore 20 ans.
(b) (i) célèbre (ii) rapidement (iii) premier (iv) encore
(c) (i) commencer (ii) éditer (iii) dessin (iv) nomination
(d) (i) Vrai (ii) Faux (iii) Vrai (iv) Faux
(e) (i) changer de nom
(ii) au début

SECTION B — 20 marks
(Expression Écrite)

2. Écrivez une lettre d'environ 80 mots : **10**
(a) Votre ami(e) est malade. Conseillez-lui ce qu'il/elle doit faire pour retrouver la forme.

OU

(b) Jean-Pierre vous parle du système politique de la France dans sa lettre. Rédigez la lettre qu'il vous envoie.

Réponse:
(a) Cher/Chère [Nom de l'ami(e)],

J'ai appris que tu étais malade, et je suis inquiet/inquiète pour toi. Pour te rétablir rapidement, repose-toi bien et bois beaucoup d'eau. Prends les médicaments prescrits à temps et mange des aliments sains. Une bonne soupe chaude pourrait aussi t'aider. Si possible, évite de te fatiguer et fais un peu de relaxation. N'oublie pas de consulter un médecin si nécessaire. Prends soin de toi et tiens-moi au courant.

Amicalement,
[Votre nom]

(b) Cher/Chère [Nom],

Le système politique de la France est une république démocratique, avec un président élu par les citoyens. Le parlement français est composé de deux chambres : l'Assemblée nationale et le Sénat. Le président est le chef de l'État, tandis que le Premier ministre dirige le gouvernement. La France valorise la séparation des pouvoirs entre l'exécutif, le législatif, et le judiciaire. Ce système assure une stabilité et protège les droits des citoyens.

Cordialement,
Jean-Pierre

3. Faites deux des questions suivantes : **5×2=10**

(a) Mettez en ordre le dialogue suivant et récrivez : **5**

Alex : Moi, je viens à pied ou à vélo. Ça dépend des jours. Le cinéma est près de chez moi.
Sophie : C'est vrai ? Tu habites où ?
Alex : Tu viens en train ou en bus ?
Sophie : À ce soir Alex !
Alex : Bonjour ! Alors on se rencontre au cinéma à 17h ?
Sophie : Oui, j'y serai à l'heure.
Alex : Je dois me dépêcher. J'ai du travail à terminer... À ce soir !
Sophie : En général, je prends le métro. Et toi ?
Alex : Dans le quinzième arrondissement. Ma maison est à 20 minutes à pied. Et toi ? Tu habites loin ?

Réponse:

Alex : Bonjour ! Alors on se rencontre au cinéma à 17h ?
Sophie : Oui, j'y serai à l'heure.
Alex : Tu viens en train ou en bus ?
Sophie : En général, je prends le métro. Et toi ?
Alex : Moi, je viens à pied ou à vélo. Ça dépend des jours. Le cinéma est près de chez moi.
Sophie : C'est vrai ? Tu habites où ?
Alex : Dans le quinzième arrondissement. Ma maison est à 20 minutes à pied. Et toi ? Tu habites loin ?
Sophie : À ce soir Alex !
Alex : Je dois me dépêcher. J'ai du travail à terminer... À ce soir !

OU

(b) Complétez le texte en utilisant les mots / les expressions donnés : **5**

(apparaît / rôle / actrice / plus / énorme / née / obtient / téléfilms / joue / film)

Clara Dupont est ________ le 9 août 1978 à Beaumont en Auvergne. Elle commence sa carrière d'actrice dans des _______ et ses courts métrages, puis elle _________ dans des films ; en 2000, elle _________ le César du meilleur espoir féminin pour son _________ dans le _________ « Venus Beauté ». Mais c'est surtout grâce à l'_________ succès du film « Le Fabuleux Destin de Julie Martin », où elle _________ le rôle principal, qu'elle devient une _________ connue de tous les Français et l'une des _________ appréciées.

Réponse:

(i) née (ii) téléfilms (iii) apparaît (iv) obtient (v) rôle (vi) film (vii) énorme (viii) joue (ix) actrice (x) plus

(c) Rédigez un message à un(e) ami(e) pour lui demander de venir chez vous afin de vous aider à préparer l'anniversaire de votre frère cadet. **5**

Réponse:

Salut [nom de l'ami(e)],

J'espère que tu vas bien ! J'ai besoin de ton aide pour organiser l'anniversaire de mon frère cadet. Peux-tu venir chez moi demain après-midi ? On pourra tout préparer ensemble. Merci d'avance !

SECTION C (Grammaire) 30 marks

4. Remplissez les blancs avec les prépositions appropriées : 3
(avec / par / avant / à / pour / en face de)
(a) Tu ne devrais pas écouter de la musique _____ avoir terminé ton travail.
(b) Va jouer _____ tes amis !
(c) Je n'aime pas la maison _____ la nôtre.
(d) Es-tu passé _____ ces routes _____ arriver à ce village ?
(e) C'est le mois d'avril et il a commencé _____ faire très chaud.

Réponse:
(a) avant (b) avec (c) en face de (d) par, pour (e) à

5. Mettez les verbes aux temps appropriés : 3
(a) Demain, vous _________ vos amis chez Maxime pour regarder un film. (avez emmené / emmènerez / emmeniez)
(b) Hier, il _________ quand je suis sorti faire une promenade. (pleut / pleuvra / pleuvait)
(c) Montre-moi la lettre que ton ami _________ hier. (envoie / enverra / a envoyée)
(d) _________ à l'heure mes enfants ! Le match commence à 6 h. (Etes / Soyez / Serez)
(e) Dans quelques mois, nous _________ un nouvel appartement à Paris. (avons acheté / achèteront / achèterons)
(f) Si tu veux, nous _________ t'aider. (pourrons / puissions / avons pu)

Réponse:
(a) emmènerez (b) pleuvait (c) a envoyée (d) Soyez (e) achèterons (f) pourrons

6. Remplacez les noms soulignés par : 3
(en / nous / y / lui / les / leur)
(a) Mon oncle n'aime pas sortir sans Isabelle et moi.
(b) Il a mis les livres dans le placard.
(c) Mon frère n'aime pas manger de chocolat.
(d) Tu as montré tes cadeaux à tes amis.

Réponse:
(a) Mon oncle n'aime pas sortir sans nous.
(b) Il a mis les dans le placard.
(c) Mon frère n'aime pas en manger.
(d) Tu leur as montré tes cadeaux.

7. Complétez avec les adjectifs ou les pronoms démonstratifs : 3
(a) ___ peintures sont plus belles que ___.
(b) Regarde ____ arbre sans fruits. Mais ___ qui est devant nous en a beaucoup.
(c) Quels romans veux-tu emprunter ? ___ ou ___.

Réponse:
(a) **Ces** peintures sont plus belles que **celles-là**.

(b) Regarde **<u>cet</u>** arbre sans fruits. Mais **<u>celui</u>** qui est devant nous en a beaucoup.
(c) Quels romans veux-tu emprunter ? **<u>Ceux-ci</u>** ou **<u>ceux-là</u>**.

8. Mettez au discours direct ou rapporté selon le cas : **3**
(a) Marc me dit de venir chez lui pour l'aider.
(b) Claire me demande ce que je fais ce week-end avec mes amis.
(c) Mes voisins me demandent : « À quelle heure vas-tu partir à la plage ? »

Réponse:
(a) Marc me dit : « Viens chez moi pour m'aider. »
(b) Claire me demande : « Que fais-tu ce week-end avec tes amis ? »
(c) Mes voisins me demandent à quelle heure je vais partir à la plage.

9. Mettez au négatif : **3**
(a) Alexandre est déjà allé en Espagne.
(b) Julien a rencontré quelqu'un au parc.
(c) Quelque chose est tombé de Sophie sac.

Réponse:
(a) Alexandre n'est pas allé en Espagne.
(b) Julien n'a rencontré personne au parc.
(c) Rien n'est tombé du sac de Sophie.

10. Mettez au subjonctif : **3**
(a) Il est nécessaire que vous _________ (réviser) les conjugaisons tous les soirs.
(b) J'aimerais que tu _________ (trouver) le courage de surmonter les défis de la vie.
(c) Mes parents souhaitent que nous _________ (sourire) souvent. C'est bénéfique pour la santé.

Réponse:
(a) Il est nécessaire que vous révisiez les conjugaisons tous les soirs.
(b) J'aimerais que tu trouves le courage de surmonter les défis de la vie.
(c) Mes parents souhaitent que nous souriions souvent. C'est bénéfique pour la santé.

11. Reliez en utilisant les pronoms relatifs composés : **3**
(a) Posez-leur cette question ! Vous voulez une réponse à cette question.
(b) Rencontrer maintenant vos amis ! Vous n'avez pas pu aller chez vos amis.
(c) La mère d'Emma est très gentille. J'achète toujours des fleurs pour elle.

Réponse:
(a) Posez-leur cette question à laquelle vous voulez une réponse.
(b) Rencontrez maintenant vos amis chez qui vous n'avez pas pu aller.
(c) La mère d'Emma, pour qui / à qui j'achète toujours des fleurs, est très gentille.

12. Trouvez la question. **3**
(a) J'ai besoin de crayons.
(b) Ces personnes discutent sans arrêt.
(c) Le temps sera agréable demain.

Réponse:
(a) De quoi as-tu besoin ?

(b) Que font ces personnes ?
(c) Quel temps fera-t-il demain ?

13. Complétez avec les adjectifs ou les pronoms possessifs : **3**
(nos / leurs / mes / les nôtres / les leurs / les tiens)
(a) J'ai fait __________ devoirs. Et toi, as-tu fait __________ ?
(b) Les enfants ont rencontré __________ amies. Nous avons rencontré __________ .
(c) __________ étudiants sont ponctuels. Mais, __________ sont toujours en retard. Donc, ils sont mécontents.

Réponse:
(a) mes, les tiens (b) leurs, les nôtres (c) Nos, les leurs

SECTION D **20 marks**
(Culture et Civilisation)

14. Répondez aux questions suivantes : (cinq au choix) **10**
(a) Quels sont les divers niveaux du système éducatif en France ?
(b) Où est située la grande pyramide dans le musée du Louvre ? Qui en est l'architecte ?
(c) Pouvez-vous citer deux responsabilités du Président français ?
(d) Pourquoi le 21 mai est-il important ? Mentionnez un objectif de cette journée.
(e) Que représente la Sécurité Sociale ?
(f) Quelles actions doit-on entreprendre pour protéger l'environnement ?

Réponse:
(a) Les divers niveaux du système éducatif en France sont : l'école maternelle (petite, moyenne et grande section), l'école élémentaire (cours préparatoire, cours élémentaire, cours moyen), le collège (de la 6ème à la 3ème), le lycée (de la 2nde à la terminale) et l'enseignement supérieur (universités, écoles, etc.).
(b) La grande pyramide est située dans la cour du musée du Louvre, elle sert d'entrée principale. L'architecte de la pyramide est Ieoh Ming Pei.
(c) Deux responsabilités du Président français sont : diriger la politique étrangère du pays et commander les armées en tant que chef des armées.
(d) Le 21 mai est important car c'est la Journée mondiale de la diversité culturelle. L'objectif est de promouvoir la diversité culturelle et de sensibiliser à l'importance de la coexistence des cultures dans le monde.
(e) La Sécurité Sociale représente un système de protection sociale en France qui couvre les risques liés à la santé, la vieillesse, l'invalidité, les accidents du travail et la famille.
(f) Pour protéger l'environnement, on peut réduire la consommation d'énergie, recycler, limiter l'utilisation des plastiques, favoriser les transports en commun ou à vélo, et planter des arbres.

15. Reliez et récrivez : **3**

(a) Baccalauréat	(i) pôle-emploi.fr
(b) Quittance de loyer	(ii) Bengaluru
(c) Bavella	(iii) Lycée
(d) Ville de la technologie	(iv) Collines en Corse de l'information
(e) Fast-food	(v) Bibliothèque
(f) Chercher un emploi	(vi) Les chips

Réponse:
(a) Baccalauréat – (iii) Lycée
(b) Quittance de loyer – (v) Bibliothèque

(c) Bavella – (iv) Collines en Corse
(d) Ville de la technologie – (ii) Bengaluru
(e) Fast-food – (vi) Les chips
(f) Chercher un emploi – (i) pôle-emploi.fr

16. Choisissez la bonne réponse : **3**
(Palais Bourbon / crudités / fait olivers / connexion / Antoine de SaintExupéry / zapper)
(a) Il faut avoir une bonne __________ pour le Wi-fi.
(b) « __________ » veut dire passer d'une chaîne à l'autre.
(c) Le Petit Prince est un roman d'__________ .
(d) « __________ » est une rubrique d'un journal.
(e) Le __________ est le siège de l'Assemblée Nationale.
(f) Pour être en bonne forme, il faut manger de s __________ .

Réponse:
(a) connexion (b) zapper (c) Antoine de SaintExupéry (d) fait olivers (e) Palais Bourbon (f) crudités

17. Indiquez si les affirmations suivantes sont « Vrai » ou « Faux » : **2**
(a) La diversité culturelle constitue un droit humain essentiel.
(b) Pour économiser l'eau, il est préférable d'arroser les plantes en soirée.
(c) Les médias contribuent de manière significative à façonner l'opinion publique.
(d) Une fois le mot de passe saisi, il n'est pas obligatoire de le valider.

Réponse:
(a) Vrai (b) Vrai (c) Vrai (d) Faux

18. Chassez l'intrus : **2**
(a) public / brevet / gratuit / obligatoire.
(b) cuisine / ménage / lessive / promenade.
(c) TF 1 / France 2 / Canal+ / Europe.
(d) Assemblée Nationale / citoyens / Sénat / Parlem

Réponse:
(a) brevet
(b) promenade
(c) Europe
(d) citoyens

Class 10 French Chapter 3 | Chercher du travail | CBSE 2026 | Entre Jeunes

URL	QR
https://youtu.be/C-Q_zu5koKE	

CBSE CLASS 10 FRENCH SOLVED SAMPLE PAPERS 7

SUBJECT CODE 018

Q.P. Code No. 20

Roll No.

Candidates must write the Q.P. Code on the title page of the answer-book.

Instructions:

- Please check that this question paper contains 4 printed pages.
- Q.P. Code given on the right-hand side of the question paper should be written on the title page of the answer-book by the candidate.
- Please check that this question paper contains 16 questions.
- Please write down the serial number of the question in the answer-book before attempting it.

FRENCH

Time allotted: 2 hours **Maximum Marks: 80**

SECTION A

(Compréhension Écrite) **10 Marks**

1. Lisez le texte suivant et répondez aux questions : (Choisissez cinq questions) **10**

Le Québec est situé au nord-est du continent américain. C'est la plus grande province du Canada. Voisin des États-Unis au sud et de l'Ontario à l'ouest, la grande majorité de la population vit aux abords du fleuve Saint-Laurent. Le Saint-Laurent est l'un des grands fleuves du globe. Les Québécois sont, en général, fiers d'être francophones, même s'ils sont minoritaires dans un Canada anglophone.

Le français est la langue officielle du Québec, mais c'est une province bilingue : l'anglais y coexiste avec le français. Montréal est la plus importante région touristique du Québec, ayant reçu 8,4 millions de touristes en 2013. La ville de Québec est la seule ville fortifiée en Amérique du Nord. Elle est la capitale. Étant la plus vieille ville francophone d'Amérique, l'arrondissement historique du Vieux-Québec a été déclaré site du patrimoine mondial par l'Unesco en 1985.

Répondez (5 au choix) :

1.1 Où se situe le Québec ?

(i) en Europe

(ii) aux États-Unis

(iii) en Amérique du Nord

1.2 Quelles langues sont parlées au Québec ?

(i) seulement en français
(ii) seulement en anglais
(iii) anglais et français

1.3 Pourquoi la ville de Québec a-t-elle été déclarée site du patrimoine mondial par l'Unesco ?
Qu'est-ce que le Saint-Laurent, mentionné dans le texte ?

1.4 Trouvez les synonymes des mots suivants dans le texte :
(a) habite
(b) ancienne

1.5 Dites si les affirmations suivantes sont vraies ou fausses, et justifiez :
(a) Le Québec est une petite province du Canada.
(b) Les Québécois aiment parler en français.

1.6 Quelle est la ville touristique la plus importante du Québec, et combien de touristes y ont été reçus en 2013 ?

Réponse:
1.1 (iii) en Amérique du Nord
1.2 (iii) anglais et français
1.3 L'arrondissement historique du Vieux-Québec a été déclaré site du patrimoine mondial en 1985 en raison de son caractère historique et de son importance culturelle.
Le Saint-Laurent est l'un des grands fleuves du monde, traversant le Québec.
1.4 (a) habite – vit
(b) ancienne – vieille
1.5 (a) Faux (b) Vrai
1.6 La ville touristique la plus importante est Montréal, et elle a reçu 8,4 millions de touristes en 2013.

SECTION B
(Expression Écrite) — 20 Marks

2. Rédigez une lettre : (80 mots) **10**
(a) Écrivez une lettre à votre ami(e) pour lui parler de votre nouveau travail.

OU

(b) Rédigez une lettre à votre sœur en décrivant le système éducatif en France.

Réponse:
(a) Cher(e) [Prénom de l'ami(e)],

J'espère que tu vas bien. Je voulais te parler de mon nouveau travail ! Je viens de commencer un poste en tant que [intitulé du poste] dans une entreprise [nom de l'entreprise]. C'est un rôle très intéressant, où je peux mettre en pratique mes compétences en [domaine lié au travail]. L'ambiance est super et mes collègues sont vraiment sympas. Je suis encore en train de m'adapter, mais je suis enthousiaste à l'idée des projets à venir !

J'espère que tout se passe bien de ton côté. À très bientôt !

Bien amicalement,

[Nom]

(b) Chère sœur,

J'espère que tu vas bien. Je voulais te parler du système éducatif en France. Il est divisé en plusieurs étapes : l'école primaire, le collège et le lycée. L'école primaire dure cinq ans et prépare les enfants à entrer au collège. Le collège, qui commence à 11 ans, dure quatre ans et est suivi du lycée. Au lycée, les élèves se préparent pour le baccalauréat, un examen important pour entrer à l'université ou dans une école supérieure.

Je te fais de gros bisous.

Bien à toi,

[Nom]

3. Faites deux des questions suivantes : **5×2=10**

(a) Vous organisez une fête pour le 50e anniversaire de vos grands-parents. Rédigez une invitation de 30 à 40 mots pour inviter votre cousin et sa famille.

OU

(b) Réorganisez le dialogue : **5**

Serveur : Oui Madame, vous ne serez pas déçue! Et pour vous ?
Client 1 : Non, merci. Je n'aime pas cette tarte. Avez-vous un gâteau au chocolat ?
Serveur : Entrez Mesdames! Asseyez-vous!
Client 1 : Pour moi, « poisson avec légumes du jour ».
Serveur : Voulez-vous notre spécialité, la tarte au citron?
Client 1 : Bonjour Monsieur! Nous sommes deux.
Client 2 : Vous faites toujours d'excellents steaks? Je prends un steak du chef.
Serveur : Très bien. Dans cinq minutes, mesdames.
Client 2 : Super! Un gâteau et deux tasses de café pour nous, s'il vous plaît.
Serveur : Bien sûr! Presque tout le monde aime ce gâteau.

(c) Complétez le texte en utilisant les mots / les expressions donnés : **5**

(États-Unis / danses / danseurs / accessible / mélange / enseignent / beaucoup de / énergie / D'ailleurs / sentiments)

Le modern jazz est un ______ de plusieurs danses comme le jazz, la danse classique, la danse contemporaine, la danse africaine, les claquettes et la danse espagnole. Et c'est une des raisons pour lesquelles il séduit par sa diversité, le modern jazz convient à ______ personnalités.
Il laisse beaucoup de liberté aux ______ tout en étant technique.
Elle demande de la souplesse, de la rigueur et de l'______. Comme toutes les ______, elle permet l'expression des ______. Le nom de cette danse est apparu dans les années 50 aux ______. Comme le nom l'indique, le modern jazz est ______ à tout âge et pour tous les niveaux. ______ vous pouvez trouver des cours près de chez vous sans problème, presque tous les studios de danse ______ le modern jazz.

Réponse:

(a) Chère [Prénom du cousin],

Nous organisons une fête pour célébrer le 50e anniversaire de mariage de nos grands-parents. Nous serions ravis de te voir, ainsi que ta famille, pour cet événement spécial. La fête aura lieu le [date] à [heure] chez nous.

À bientôt,

[Votre nom]

(b) Client 1 : Bonjour Monsieur! Nous sommes deux.

Serveur : Entrez Mesdames! Asseyez-vous!
Client 1 : Pour moi, « poisson avec légumes du jour ».
Client 2 : Vous faites toujours d'excellents steaks? Je prends un steak du chef.
Serveur : Oui Madame, vous ne serez pas déçue! Et pour vous ?
Client 1 : Non, merci. Je n'aime pas cette tarte. Avez-vous un gâteau au chocolat ?
Serveur : Voulez-vous notre spécialité, la tarte au citron?
Client 2 : Super! Un gâteau et deux tasses de café pour nous, s'il vous plaît.
Serveur : Très bien. Dans cinq minutes, mesdames.
Serveur : Bien sûr! Presque tout le monde aime ce gâteau.

(c) Le modern jazz est un **mélange** de plusieurs danses comme le jazz, la danse classique, la danse contemporaine, la danse africaine, les claquettes et la danse espagnole. Et c'est une des raisons pour lesquelles il séduit par sa diversité, le modern jazz convient à **beaucoup de** personnalités. Il laisse beaucoup de liberté aux **danseurs** tout en étant technique. Elle demande de la souplesse, de la rigueur et de **l'énergie**. Comme toutes les **danses**, elle permet l'expression des **sentiments**. Le nom de cette danse est apparu dans les années 50 aux **États-Unis**. Comme le nom l'indique, le modern jazz est **accessible** à tout âge et pour tous les niveaux. **D'ailleurs** vous pouvez trouver des cours près de chez vous sans problème, presque tous les studios de danse **enseignent** le modern jazz.

SECTION C

(Grammaire) **30 Marks**

4. Mettez les verbes au temps convenable : (6 au choix)
(a) Si tu sortais avec nous, on (allait / irait / va) ensemble voir un joli spectacle.
(b) Dès que nous (avions conduit / conduisions / aurons conduit) pendant 2 heures, nous traverserons la belle campagne.
(c) Avant-hier, mon cousin (est rentré / sera rentré / rentrera) de l'Italie.
(d) Les poètes ne (font / faisaient / feraient) pas de sports autrefois.
(e) Lorsque la chanteuse (est arrivée / sera arrivée / était arrivée), le concert a commencé.
(f) (Sais / Sois / Sache) bien les paroles de la chanson !
(g) Tout le monde (s'est arrêté / va s'arrêter / s'arrêtait) devant la fontaine pour admirer la vue.
(h) En 2022, mes amis et moi (voyagerons / avons voyagé / venons de voyager) pendant 3 semaines.

Réponse:
(a) irait (b) aurons conduit (c) est renter (d) faisaient (e) est arrive (f) Sache (g) s'est arrêté (h) avons voyagé

5. Reliez les propositions en utilisant les pronoms relatifs composés : (Choisissez 3 au total)
(a) Le canapé est sale. Tu vas t'asseoir sur ce canapé.
(b) La liberté est un concept. Tout le monde se rapporte à ce concept.
(c) La personne a été élue. J'ai voté pour cette personne.
(d) Ce sont mes vieux amis. Je rendrai visite à eux pendant mes vacances.

Réponse:
(a) Le canapé sur lequel tu vas t'asseoir est sale.
(b) La liberté est un concept auquel tout le monde se rapporte.
(c) La personne pour laquelle j'ai voté a été élue.
(d) Ce sont mes vieux amis que je rendrai visite pendant mes vacances.

6. Remplacez les noms par des pronoms : (il/en/y/elle/leur/l')
(a) J'ai rencontré Julien chez Isabelle.

(b) Ce quartier plaît beaucoup à M. et Mme. Dupont.
(c) Fais attention à la route !
(d) Il prend des croissants au petit déjeuner.

Réponse:
(a) Je l'ai rencontré chez Isabelle.
(b) Ce quartier leur plaît beaucoup.
(c) Fais-y attention !
(d) Il en prend au petit déjeuner.
7. Trouvez des questions. (3 au choix)
(a) Il fait du soleil.
(b) Les jeunes sont courageux.
(c) Elle dort parce qu'elle est malade.
(d) Je pense à mes vacances.

Réponse :
a. Quel temps fait-il ?
b. Qui est courageux ?
c. Pourquoi dort-elle ?
d. À quoi penses-tu ?

8. Complétez avec les adjectifs possessifs ou les pronoms possessifs: (3 au choix)
(ta/vos/leurs / ses / des siens / aux nôtres / aux siennes / la mienne)
(a) Marie s'intéresse toujours à _______ études, mais lui, il ne s'intéresse pas _______ ?
(b) As-tu visité _______ ville ? Je n'ai pas encore visité _______ ?
(c) Allez-vous envoyer une invitation à _______ grands-parents ? Nous allons l'envoyer _______ ?
(d) Ils se souviennent de _______ amies formidables, mais elle ne se souvient pas _______ ?

Réponse :
(a) ses, aux siennes (b) ta, la mienne (c) vos, aux nôtres (d) leurs, des siennes

9. Mettez les verbes au subjonctif présent: (3 au choix)
(a) Paul voudrait bien qu'elles (aller) _______ chez lui.
(b) Marie a peur qu'elle (apprendre) ________ mal son dialogue.
(c) Il faut que je (voir) ______ ce film.
(d) J'aimerais bien que vous (pouvoir) ______ assister à ce concert.

Réponse :
(a) aillent (b) apprenne (c) voie (d) puissiez

10. Mettez au discours direct ou indirect selon le cas: (3 au choix)
(a) Il me dit qu'il va écouter mon discours.
(b) Nous avons dit aux enfants de rester avec nous.
(c) Maman demande à Clara : « Quel cadeau souhaites-tu pour ton anniversaire ? »
(d) Marc me demande : « Veux-tu aller au cinéma avec moi ? »

Réponse :
(a) Il me dit : « Je vais écouter ton discours. »

(b) Nous avons dit aux enfants : « Restez avec nous. »
(c) Maman demande à Clara quel cadeau elle souhaite pour son anniversaire.
(d) Marc me demande si je veux aller au cinéma avec lui.

11. Employez un adjectif ou un pronom démonstratif : (ce, cet, celui-ci, celle-là, celles, ceci, cela, etc...)
(a) _______ maison est magnifique.
(b) _______ ne semble pas compliqué.
(c) Ne prenez pas _______ livres, prenez _______ !
(d) Nous ne voulons pas _______ pizza. Commandons _______ s'il te plaît.

Réponse :
(a) **Cette** maison est magnifique.
(b) **Cela** ne semble pas compliqué.
(c) Ne prenez pas **ces** livres, prenez **ceux-là** !
(d) Nous ne voulons pas **cette** pizza. Commandons **celle-ci** s'il te plaît.

12. Transformez ces phrases à la forme négative : (3 au choix)
(a) Tout le monde l'aime.
(b) Camille achète de la crème et de la farine.
(c) Nous avons déjà préparé le dîner.
(d) Il a encore des pièces de monnaie avec lui.

Réponse :
(a) Personne ne l'aime.
(b) Camille n'achète ni crème ni farine.
(c) Nous n'avons pas encore préparé le dîner.

SECTION D
(Culture et Civilisation) 20 Marks

13. Répondez aux questions : (5 au choix) (20 à 30 mots)
(a) Quelles sont les démarches nécessaires pour s'inscrire dans une bibliothèque en France ?
(b) Quels conseils donneriez-vous pour maintenir une bonne forme physique ? Mentionnez 2-3 points.
(c) Quelles matières suivez-vous à l'école ? Quelle est votre matière préférée ?
(d) Quelles sont les étapes pour faire du jardinage ?
(e) Quelles sont les principales responsabilités du président français ? Citez-en deux.
(f) Comment est la vie d'une jeune fille en France ? Décrivez-la en 2-3 phrases.
(g) Quelle est la fonction des médias dans la société ?

Réponse :
(a) Pour s'inscrire dans une bibliothèque en France, il faut remplir un formulaire, fournir une pièce d'identité et une preuve de domicile. Parfois, une cotisation annuelle est demandée.
(b) Pour maintenir une bonne forme physique, il est important de faire de l'exercice régulièrement, manger équilibré, et dormir suffisamment pour bien récupérer.
(c) À l'école, je suis des matières comme les mathématiques, le français, et l'anglais. Ma matière préférée est le français, car j'aime beaucoup la littérature.
(d) Pour faire du jardinage, commencez par choisir un emplacement approprié, préparez le sol, plantez les graines ou les plants, puis arrosez régulièrement et éliminez les mauvaises herbes.

(e) Le président français a pour responsabilité de garantir la constitution et de représenter la France à l'international. Il peut aussi nommer le Premier ministre et diriger la politique extérieure.
(f) La vie d'une jeune fille en France varie selon les régions, mais généralement, elle va à l'école, a des loisirs comme le sport ou la musique, et se retrouve avec des amis après les cours.
(g) Les médias jouent un rôle clé en informant la société, en influençant l'opinion publique et en contribuant à la formation de la pensée collective par la diffusion d'informations.

14. Complétez avec les mots suivants : (6 au choix)
(biodiversité / l'universitaire / Panchatantra / Elysée / ARTE / éditorial / intérim / pharmacie)
(a) Le ______ est un recueil de contes et de fables issus de la tradition sanskrite.
(b) Il n'a pas un emploi stable, il travaille en ______.
(c) Après avoir obtenu le baccalauréat, on poursuit ses études à ______.
(d) La rubrique ______ est présente dans les journaux.
(e) On trouve des médicaments à la ______.
(f) Pour voir un reportage culturel, on peut regarder ______.
(g) La ______ désigne la diversité des espèces vivantes sur Terre.
(h) Le palais de ______ est la résidence officielle du président français.

Réponse :
(a) Panchatantra (b) intérim (c) l'universitaire (d) editorial (e) pharmacie (f) ARTE (g) biodiversité (h) Elysée

15. Reliez et récrivez : 3

(a) travail manuel	(i) Antoine de Saint- Exupéry
(b) Brevet	(ii) château médiéval
(c) pharmacie	(iii) qui travaille avec ses mains
(d) Le Petit Prince	(iv) collège
(e) Louvre	(v) chaîne de télévision française
(f) TF1	(vi) medicaments

Réponse :
(a) travail manuel - (iii) qui travaille avec ses mains
(b) Brevet - (iv) collège
(c) pharmacie - (vi) médicaments
(d) Le Petit Prince - (i) Antoine de Saint-Exupéry
(e) Louvre - (ii) château médiéval
(f) TF1 - (v) chaîne de télévision française

16. Indiquez si c'est Vrai ou Faux : (4 au choix)
(a) Il est important de respecter et d'apprécier les cultures du monde entier.
(b) Lorsque nous tombons sur le répondeur, cela signifie que nous avons composé un mauvais numéro.
(c) La préservation de l'environnement dépend de l'engagement de chacun.
(d) « Malgudi Days » est un roman écrit par Saint-Exupéry.
(e) Jean de La Fontaine est l'auteur des Fables.

Réponse :
(a) Vrai (b) Faux (c) Vrai (d) Faux (e) Vrai

CBSE Class 10 French | Chapter 4 | Le Plaisir De Lire | Complete chapter | PYQ | NCERT solved |

URL	QR
https://youtu.be/61be6A0q6jk	

CBSE CLASS 10 FRENCH SOLVED SAMPLE PAPERS 8

SUBJECT CODE 018

Q.P. Code No. 20

Roll No.

Candidates must write the Q.P. Code on the title page of the answer-book.

Instructions:

- Please check that this question paper contains 4 printed pages.
- Q.P. Code given on the right-hand side of the question paper should be written on the title page of the answer-book by the candidate.
- Please check that this question paper contains 16 questions.
- Please write down the serial number of the question in the answer-book before attempting it.

SUMMATIVE ASSESSMENT – II
FRENCH

Time allotted: 2 hours **Maximum Marks: 40**

General Instructions :

Read the following instructions carefully :

This question paper contains 4 sections (7 questions).

Section A (Q 1): Comprehension (5 marks)

Section B (Q 2): Writing Skill (10 marks)

Section C (Q 3, Q 4, Q 5, Q 6): Grammar (15 marks)

Section D (Q 7): Culture and Civilisation (10 marks)

- Section A: Attempt any 5 parts. (instruction given in the question)
- Section B: Attempt any 1 part. (Instruction given in the question)
- Section C: Question 3 : Attempt any 5 parts.
  Questions 4/5/6 : Attempt any 2 questions. (Instruction given in the questions)
- Section D : Attempt any 5 parts. (instruction given in the question)

Des consignes générales :

Lisez les consignes suivantes attentivement :

Ce papier contient 4 sections (7 questions).

Section A (Q 1) : Compréhension (5 points)

Section B (Q 2) : Expression Écrite (10 points)

Section C (Q 3, Q 4, Q 5, Q 6) : Grammaire (15 points)

Section D (Q 7) : Culture et Civilisation (10 points)

- Section A : Faites 5 parties. (Consigne donnée dans la question)
- Section B : Faites 1 partie. (Consigne donnée dans la question)
- Section C : Question 3 : Faites 5 parties.

Questions 4/5/6 : Faites 2 questions. (Consigne donnée dans la question)

Section D : Faites 5 parties. (Consigne donnée dans la question)

SECTION A

(Compréhension) 5

1. Lisez le texte et répondez aux questions suivantes. (5 au choix)

Pourquoi pratiquer une activité physique ?

Aujourd'hui, dans notre société moderne, il est essentiel de pratiquer une activité physique. Les bienfaits du sport ne se limitent pas à la forme physique. Faire de l'exercice régulièrement permet également de réduire le stress et d'améliorer la qualité de notre sommeil. Les médecins recommandent au moins 30 minutes d'activité physique par jour.

Le sport a aussi un impact positif sur notre santé mentale. Il stimule la production d'endorphines, souvent appelées « hormones du bonheur », qui nous rendent plus heureux et plus détendus. En plus, pratiquer une activité en plein air, comme le jogging ou le vélo, nous connecte avec la nature et nous donne une bouffée d'air frais.

Cependant, beaucoup de gens trouvent difficile de consacrer du temps au sport en raison d'un emploi du temps chargé. Il est important de trouver une activité qui nous plaît et de l'intégrer dans notre routine quotidienne. Qu'il s'agisse de marcher, de nager ou même de danser, bouger son corps est essentiel pour une vie saine et équilibrée.

(a) Pourquoi est-il important de pratiquer une activité physique ?

(b) Quels sont les bienfaits du sport sur la santé mentale ?

(c) Combien de temps les médecins recommandent-ils pour l'exercice quotidien ?

(d) Pourquoi les gens ont-ils du mal à faire du sport ?

(e) Donnez deux exemples d'activités physiques mentionnées dans le texte.

(f) Comment l'exercice peut-il améliorer notre humeur ?

(g) Quelle est votre activité physique préférée et pourquoi ?

Réponse :

(a) Il est important de pratiquer une activité physique pour améliorer la forme physique, réduire le stress, améliorer la qualité du sommeil et favoriser la santé mentale.

(b) Le sport stimule la production d'endorphines, souvent appelées « hormones du bonheur », qui rendent les gens plus heureux et détendus.

(c) Les médecins recommandent au moins 30 minutes d'exercice physique par jour.

(d) Les gens ont du mal à faire du sport en raison d'un emploi du temps chargé.

(e) Deux exemples d'activités physiques mentionnées dans le texte sont le jogging et le vélo.

(f) L'exercice améliore notre humeur en stimulant la production d'endorphines, ce qui nous rend plus heureux et détendus.

SECTION B

(Expression Écrite) 10

2. Rédigez une lettre de 80 mots (1 au choix).

(a) Vous partagez « la joie de lire » avec un cousin ou une cousine. Expliquez pourquoi vous aimez aller à la bibliothèque.

(b) Un ami ou une amie est tombé(e) malade. Conseillez-lui ce qu'il/elle doit faire pour retrouver la pleine forme. Encouragez-le/la !

(c) Vous êtes conscient(e) que notre planète est en danger. Écrivez une lettre à un correspondant ou une correspondante pour expliquer ce qu'il faut faire pour protéger la Terre.

Réponse :

(a) Cher(e) [Nom],

Je voulais te parler de ma passion pour la lecture et de l'importance de la bibliothèque. J'adore y aller, car c'est un lieu calme où je peux découvrir de nouveaux livres, m'évader dans des histoires fascinantes et apprendre plein de choses. Les bibliothèques offrent une grande variété de genres, et c'est toujours agréable de flâner entre les étagères. Si tu n'y es jamais allé(e), je te conseille vivement d'y faire un tour !

A bientôt, [Ton Nom]

(b) Cher(e) [Nom],

J'ai appris que tu es malade et je suis vraiment désolé(e). Pour retrouver la pleine forme, je te conseille de bien te reposer, de boire beaucoup d'eau et de manger des aliments riches en vitamines. Essaie aussi de faire de petites promenades à l'air frais lorsque tu te sens mieux. Prends soin de toi et surtout, ne te précipite pas ! Je suis sûr(e) que tu retrouveras rapidement la santé.

Bon rétablissement !

[Ton Nom]

(c) Cher(e) [Nom],

Je suis de plus en plus conscient(e) que notre planète est en danger et il est essentiel d'agir pour la protéger. Nous devons réduire notre consommation de plastique, recycler, et adopter des comportements respectueux de l'environnement, comme utiliser les transports en commun ou privilégier les énergies renouvelables. Chacun de nous peut contribuer, même par de petites actions quotidiennes. Agissons maintenant pour préserver notre Terre pour les générations futures !

Bien à toi,

[Ton Nom]

SECTION C
(Grammaire) 15

3. Conjuguez les verbes entre parenthèses (5 au choix) :
(a) Elle ___________ dans une semaine. (revenir)
(b) Ma sœur ___________ cet article hier. (lire)
(c) Il y a quelques instants, ton téléphone ___________. (sonner)
(d) Dès que les comédiens ___________ sur la scène, nous prendrons des photos. (monter)
(e) « ___________ patienter un moment, s'il vous plaît », dit l'assistant. (vouloir)
(f) Je ___________ dans une heure. (se coucher)
(g) Quand les chevaux ont traversé la route, le train ___________. (déjà passer)

Réponse :
(a) Elle reviendra dans une semaine.
(b) Ma sœur a lu cet article hier.
(c) Il y a quelques instants, ton téléphone a sonné.
(d) Dès que les comédiens seront montés sur la scène, nous prendrons des photos.
(e) « Voulez-vous patienter un moment, s'il vous plaît », dit l'assistant.

Faites DEUX des questions suivantes (4/5/6) :

4. Transformez les phrases au style direct ou indirect, selon le cas : **5**

(a) Le responsable lui demande de ne pas consulter la réponse.
(b) Elle te demande : « Pourrais-tu m'envoyer cette lettre ? »
(c) Paul me demande quel temps il fait dans ma région.
(d) Clara nous dit : « Je vais vous appeler ce soir. »
(e) Je te dis : « Viens voyager avec moi ! »

Réponse :

(a) Le responsable lui demande : « Ne consulte pas la réponse. »
(b) Elle te demande si tu pourrais lui envoyer cette lettre.
(c) Paul me demande : « Quel temps fait-il dans ta région ? »
(d) Clara nous dit qu'elle va nous appeler ce soir.
(e) Je te dis de venir voyager avec moi !

5. Trouvez la question : **5**

(a) Il a des cheveux clairs.
(b) Elle prépare ses plats avec de l'huile d'olive.
(c) Ils viennent de Toronto.
(d) Il fait un temps superbe !
(e) Ces pains au chocolat sont délicieux.

Réponse :

(a) De quelle couleur sont ses cheveux ?
(b) Avec quoi prépare-t-elle ses plats ?
(c) D'où viennent-ils ?
(d) Quel temps fait-il ?
(e) Comment sont ces pains au chocolat ?

6. Remplacez les mots soulignés par les pronoms possessifs : **5**

(a) J'ai parlé à mon professeur et tu dois parler à ton professeur.
(b) Où avez-vous garé votre voiture ? Notre voiture est au sous-sol.
(c) Je préfère ses poèmes, mes poèmes sont ennuyeux.
(d) Mon père vient de rencontrer ton père.
(e) Elle se souvient de son séjour à Paris. Vous souvenez-vous de votre séjour ?

Réponse :

(a) Quels sont la couleur de ses cheveux ?
(b) Avec quelle huile prépare-t-elle ses plats ?
(c) D'où viennent-ils ?
(d) Quel temps fait-il ?
(e) Comment sont ces pains au chocolat ?

SECTION D
(Culture et Civilisation) 10

7. Répondez aux questions suivantes (5 au choix) :

(a) Comment contribuons-nous au réchauffement de la terre ?
(b) Qui était Jules Verne ? Citez l'un de ses romans.

(c) Qui a rédigé Les Fables ? Citez-en une.
(d) Que savez-vous sur le système de sécurité sociale ?
(e) Quelles sont les habitudes alimentaires que vous suivez pour rester en bonne santé ?
(f) Lisez-vous régulièrement le journal ? Mentionnez deux sections qu'on y trouve.
(g) Quelles sont les démarches nécessaires pour s'inscrire dans une bibliothèque en France ?
(h) Pourquoi allons-nous à la pharmacie ?

Réponse :
(a) Nous contribuons au réchauffement de la Terre par nos émissions de gaz à effet de serre, notamment le dioxyde de carbone (CO_2) provenant des transports, de l'industrie et de la déforestation.
(b) Jules Verne était un écrivain français du XIXe siècle, pionnier de la science-fiction. L'un de ses romans célèbres est Vingt mille lieues sous les mers.
(c) Jean de La Fontaine a rédigé Les Fables. L'une de ses fables célèbres est La Cigale et la Fourmi.
(d) Le système de sécurité sociale en France couvre les risques liés à la santé, la retraite, les accidents de travail et les allocations familiales. Il est financé par des cotisations sociales.
(e) Pour rester en bonne santé, je mange équilibré en incluant des fruits, des légumes, des protéines et des glucides dans mes repas. Je limite la consommation de graisses et de sucre.
(f) Oui, je lis régulièrement le journal. On y trouve des sections comme l'actualité politique et les sports.
(g) Pour s'inscrire dans une bibliothèque en France, il faut généralement fournir une pièce d'identité et une preuve de domicile. Une carte d'abonnement est ensuite délivrée.
(h) Nous allons à la pharmacie pour acheter des médicaments, obtenir des conseils de santé ou des produits de soins comme des pansements et des vitamines.

CBSE Class 10 French | Chapter 5 | Les médias | Complete chapter | PYQ | NCERT solved |

URL	QR
https://youtu.be/kdBa52L4Po8	

CBSE CLASS 10 FRENCH SOLVED SAMPLE PAPERS 9

SUBJECT CODE 018

Q.P. Code No. 20

Roll No.

Candidates must write the Q.P. Code on the title page of the answer-book.

Instructions :

- Please check that this question paper contains 11 printed pages.
- Q.P. Code given on the right-hand side of the question paper should be written on the title page of the answer-book by the candidate.
- Please check that this question paper contains 12 questions.
- Please write down the serial number of the question in the answer-book before attempting it.

FRENCH

Time allotted: 2 hours **Maximum Marks: 80**

SECTION A

(Compréhension) **10 Marks**

1. Lisez le texte et répondez aux questions suivantes (5 au choix) **10**

Les jeunes et l'impact des réseaux sociaux

L'influence des médias sur les jeunes

Les médias ont un impact considérable sur le développement des jeunes, affectant leur bien-être psychologique et physique. Ce texte explore les effets à la fois positifs et négatifs de l'exposition aux médias. La télévision, par exemple, peut avoir des effets bénéfiques comme l'amélioration de la lecture et des compétences d'apprentissage, mais elle peut aussi limiter le temps que les jeunes consacrent à d'autres activités importantes telles que les jeux en plein air, les lectures, ou encore les interactions sociales et familiales. Les jeux vidéo, quant à eux, peuvent aider à développer la motricité fine et la coordination. Cependant, une exposition excessive à la télévision et aux jeux vidéo comporte des risques. En ce qui concerne Internet, il permet aux jeunes d'accéder à une grande quantité d'informations éducatives, se positionnant ainsi comme une bibliothèque virtuelle géante. Les parents peinent souvent à suivre l'évolution des compétences de leurs enfants en ligne.

(i) Répondez aux questions suivantes (2 au choix): **2×2=4**

(a) Quels sont les effets négatifs des médias sur les adolescents ?

(b) Comment la télévision peut-elle influencer positivement les jeunes ?

(c) L'internet peut-il être un outil éducatif ? Expliquez pourquoi.

(ii) Écrivez vrai ou faux : **6×0.5=3**

(a) Selon le texte, les adolescents sont très présents sur les réseaux sociaux.

(b) Les médias ont une grande influence sur la vie des adolescents.

(c) Selon le texte, les parents des adolescents sont souvent aussi compétents que leurs enfants en informatique.
(d) Les adolescents passent moins de temps à l'extérieur à cause de l'écran.
(e) Les jeux vidéo n'ont que des effets positifs sur les adolescents.
(f) Internet est un excellent outil pour obtenir des informations.
(iii) Trouvez dans le texte : **6×0.5=3**
(a) Une préposition - ___________
(b) Un adjectif - ___________
(c) La forme nominale de « étudier » - __________
(d) Le contraire de « détériorer » - __________
(e) Un synonyme de « très grand » - __________
(f) La forme verbale de production - __________

Réponse :
(i) (a) Les effets négatifs des médias sur les adolescents incluent la limitation du temps consacré à des activités importantes comme les jeux en plein air, les lectures et les interactions sociales et familiales.
(b) La télévision peut influencer positivement les jeunes en améliorant leurs compétences en lecture et en apprentissage.
(c) Oui, Internet peut être un outil éducatif car il permet aux jeunes d'accéder à une grande quantité d'informations éducatives, agissant ainsi comme une bibliothèque virtuelle géante.
(ii) (a) Faux (b) Vrai (c) Faux (d) Vrai (e) Faux (f) Vrai
(iii) (a) Une préposition - sur
(b) Un adjectif - considérable
(c) La forme nominale de « étudier » - l'apprentissage
(d) Le contraire de « détériorer » - améliorer
(e) Un synonyme de « très grand » - géant
(f) La forme verbale de production – développer

SECTION B
(Expression Écrite) 20 Marks

2. Rédigez UNE lettre de 80 mots **1×10=10**
(i) Rédigez une lettre à votre ami(e) pour lui parler de vos activités préférées.

OU

(ii) Écrivez une lettre à votre frère en lui donnant des conseils pour chercher un emploi.

OU

(iii) Écrivez à votre cousin(e) pour lui raconter comment se passe une journée à la bibliothèque.

Réponse :
(i) Cher(e) [Prénom],

J'espère que tu vas bien ! Aujourd'hui, je voulais te parler de mes activités préférées. J'adore faire du sport, en particulier la course à pied, car cela me permet de me détendre. J'aime aussi lire des livres, surtout les romans et les biographies. Le week-end, je prends souvent du temps pour cuisiner de nouveaux plats. Et toi, quelles sont tes activités préférées ? J'espère que tu pourras venir passer du temps avec moi bientôt !

(ii) Mon cher frère,

J'espère que tu vas bien. Pour t'aider à chercher un emploi, je te conseille de commencer par préparer un CV clair et concis. Ensuite, cherche des offres en ligne sur des sites comme LinkedIn ou Indeed. N'hésite pas à postuler régulièrement et à personnaliser ta lettre de motivation pour chaque offre. Enfin, prépare-toi bien pour les entretiens en t'entraînant avec des amis ou en simulant des questions. Bonne chance, je suis sûr que tu vas y arriver !

Bien à toi,

[Votre prénom]

(iii) Cher(e) [Prénom],

J'espère que tu vas bien ! Aujourd'hui, je t'écris pour te raconter ma journée à la bibliothèque. Je suis arrivé(e) tôt le matin et j'ai commencé par consulter quelques livres sur [sujet]. Ensuite, j'ai trouvé un coin tranquille pour étudier. C'était très calme, idéal pour se concentrer. L'après-midi, j'ai emprunté de nouveaux livres pour mes recherches et j'ai même discuté avec quelques amis. C'est toujours un plaisir d'y passer du temps !

À bientôt,

[Ton Prénom]

3. Faites DEUX des questions suivantes : **2×5=10**
(i) Vous souhaitez organiser une fête pour célébrer les 25 ans de votre frère/sœur. Rédigez une invitation de 30 à 40 mots à ses amis. **5**

(ii) Mettez le dialogue en ordre et réécrivez : **5**
Mme. Saby: Très bien! Tu veux apporter quelque chose ?
Naomi: Oui, je vais voir le Pont du Gard avec l'école.
Mme. Saby: Tu pars à quelle heure ?
Naomi: Bonne nuit Madame !
Mme. Saby: Tu vas sortir ce week-end ?
Naomi: Merci, c'est très gentil.
Mme. Saby: Allez, je te laisse. Bonne nuit Naomi.
Naomi: Comme d'habitude, mais je vais certainement rentrer plus tard.
Mme. Saby: D'accord. Je vais préparer un bon poulet avec une soupe aux oignons. J'en laisserai dans le frigo.
Naomi: Non, c'est gentil, on va acheter un sandwich sur la route.

(iii) Complétez le texte avec les mots/expressions suivants : **5**
(voyager / prix / rapide / choisir / moyens / dépend / seulement / plus / moins / agréable)

Pour aller de Paris à Marseille, on peut ________ le train, l'avion, le bus et ______ le taxi. Le plus _______ est l'avion. Le trajet dure environ une heure. C'est le plus rapide, mais c'est aussi le plus cher. Le _______ en avion coûte 150 euros pour un aller simple. Bien sûr, cela ______ de la compagnie et du jour. Il existe un autre moyen de transport assez rapide, c'est le train. De plus, c'est beaucoup _______ cher que l'avion, il coûte 42 euros l'aller. Le train est un peu moins rapide que l'avion, mais il prend ______ deux heures. C'est donc plus rapide que le bus et c'est aussi plus________ . Si le train et le taxi sont les________ de transport les plus agréables, le bus reste le moins cher.

Réponse :
(i) Invitation à la fête des 25 ans !

Chers amis,

Nous célébrons les 25 ans de [Nom], et vous êtes tous invités à fêter cet événement spécial avec nous ! Rendez-vous le [date] à [heure] chez [adresse]. Venez nombreux pour une soirée mémorable !

A bientôt,

[Votre nom]

(ii) Mme. Saby : Tu vas sortir ce week-end ?
Naomi : Comme d'habitude, mais je vais certainement rentrer plus tard.
Mme. Saby : Tu pars à quelle heure ?
Naomi : Je vais voir le Pont du Gard avec l'école.
Mme. Saby : Très bien ! Tu veux apporter quelque chose ?
Naomi : Non, c'est gentil, on va acheter un sandwich sur la route.
Mme. Saby : D'accord. Je vais préparer un bon poulet avec une soupe aux oignons. J'en laisserai dans le frigo.
Naomi : Merci, c'est très gentil.
Mme. Saby : Allez, je te laisse. Bonne nuit Naomi.
Naomi : Bonne nuit Madame !

(iii) Pour aller de Paris à Marseille, on peut **choisir** le train, l'avion, le bus et **seulement** le taxi. Le plus **rapide** est l'avion. Le trajet dure environ une heure. C'est le plus rapide, mais c'est aussi le plus cher. Le **prix** en avion coûte 150 euros pour un aller simple. Bien sûr, cela **dépend** de la compagnie et du jour. Il existe un autre moyen de transport assez rapide, c'est le train. De plus, c'est beaucoup **moins** cher que l'avion, il coûte 42 euros l'aller. Le train est un peu moins rapide que l'avion, mais il prend **plus** de deux heures. C'est donc plus rapide que le bus et c'est aussi plus **agréable**. Si le train et le taxi sont les **moyens** de transport les plus agréables, le bus reste le moins cher.

SECTION C
(Grammaire) 30 Marks

4. Conjuguez les verbes entre parenthèses (5 au choix) **5**
(i) J'espère ....(se lever) tôt demain matin.
(ii) Il y a quelques minutes, nous .... (réviser) les documents.
(iii) .... (Pouvoir) remplir ce formulaire maintenant !
(iv) Dans quelques heures, il .... (montrer) ses résultats.
(v) S'il .... (pleuvoir), il ne sortirait pas.
(vi) Dès que l'acteur .... (arriver), le metteur en scène donnera les instructions.
(vii) L'année dernière, elles .... (se retrouver) dans le parc.

Réponse :
(i) J'espère **me lever** tôt demain matin.
(ii) Il y a quelques minutes, nous **révisions** les documents.
(iii) **Pouvez-vous** remplir ce formulaire maintenant !
(iv) Dans quelques heures, il **montrera** ses résultats.
(v) S'il **pleuvait**, il ne sortirait pas.
(vi) Dès que l'acteur **arrivera**, le metteur en scène donnera les instructions.
(vii) L'année dernière, elles **se sont retrouvées** dans le parc.

5. Mettez les phrases au style direct ou indirect, selon le cas. (5 au choix) **5**
(i) Je leur demande s'ils peuvent visiter mon école.
(ii) Paul lui dit de l'accompagner au stade.
(iii) Mon père me demande, "Qu'est-ce qui t'ennuie?"

(iv) « Faites-vous du yoga tous les jours ? », notre ami nous demande.
(v) Ma mère me dit que je pourrai sortir sans elle.
(vi) Harry lui demande ce qu'il voudrait comme cadeau.
(vii) L'agent de police nous dit, « Il faut conduire prudemment »

Réponse :
(i) Je leur dis : « Pouvez-vous visiter mon école ? »
(ii) Paul lui dit : « Accompagne-moi au stade. »
(iii) Mon père me demande ce qui m'ennuie.
(iv) Notre ami nous demande si nous faisons du yoga tous les jours.
(v) Ma mère me dit : « Tu pourras sortir sans moi. »
(vi) Harry lui demande : « Qu'est-ce que tu voudrais comme cadeau ? »
(vii) L'agent de police nous dit qu'il faut conduire prudemment.

6. a. Trouvez la question. **5**
(i) Miriam arrive demain.
(ii) Je mange la salade avec du pain.
(iii) Parce qu'il fait très chaud.
(iv) Les magasins sont fermés.
(v) Elle a acheté des fleurs.
OU
(b) Répondez aux questions suivantes en utilisant la forme négative : **5×1=5**
(i) Est-ce que tu t'endors toujours à minuit ?
(ii) Ajoutes-tu du sucre à ton café ?
(iii) As-tu déjà lu les bandes dessinées d'Astérix et Tintin ?
(iv) Avez-vous déjà reproduit des dessins ?
(v) Est-ce qu'il y a quelqu'un qui a frappé à la porte ?

Réponse :
6. (a) (i) Quand Miriam arrive-t-elle ?
(ii) Que manges-tu avec du pain ?
(iii) Pourquoi fait-il très chaud ?
(iv) Pourquoi les magasins sont-ils fermés ?
(v) Qu'a-t-elle acheté ?
6. (b) i) Non, je ne m'endors pas toujours à minuit.
(ii) Non, je n'ajoute pas de sucre à mon café.
(iii) Non, je n'ai pas encore lu les bandes dessinées d'Astérix et Tintin.
(iv) Non, je n'ai pas encore reproduit de dessins.
(v) Non, il n'y a personne qui a frappé à la porte.

7. (a) Complétez les espaces avec les adjectifs ou pronoms possessifs : **5**
(i) Je vais prendre …………… livre, prends …………… aussi !
(ii) Le garçon lui a donné …………… dessert, j'attends ……………… .
(iii) Chers amis, où sont ………….. photos ? Nous avons mis ……………. dans la boîte.
(iv) La jeune fille prend soin de ……………….. parents, et lui, prend-il soin de………… ?
(v) ………… voix est plus belle que ………….. .
OU
(b) Complétez avec les adjectifs ou les pronoms démonstratifs : **5**
(i) ……….boisson froide est meilleure que ……….. .
(ii) J'aime …….. café. ………… qui se trouve près du parc est trop petit.

(iii) J'ai pris 2 livres, ……….. pour Pierre et …………… pour moi.
(iv) Souhaitez-vous visiter …….. maison ou ………… ?
(v) Écoutes-tu _____vieilles chansons et ……….. de John Lennon ?

Réponse :

7.(a) (i) Je vais prendre **mon** livre, prends **le tien** aussi !

(ii) Le garçon lui a donné **son** dessert, j'attends **le mien**.

(iii) Chers amis, où sont **vos** photos ? Nous avons mis **les nôtres** dans la boîte.

(iv) La jeune fille prend soin de **ses** parents, et lui, prend-il soin de **les siens** ?

(v) **Ta** voix est plus belle que **la mienne**.

7.(b) (i) **Cette** boisson froide est meilleure que **celle-ci**.
(ii) J'aime **ce** café. **Celui** qui se trouve près du parc est trop petit.
(iii) J'ai pris 2 livres, **un** pour Pierre et **un autre** pour moi.
(iv) Souhaitez-vous visiter **cette** maison ou **celle-là** ?
(v) Écoutes-tu **ces** vieilles chansons et **celles** de John Lennon ?

8. a. Reliez les phrases avec les pronoms relatifs simples ou composés : **5**
(i) J'ai assisté à ce spectacle. Tu m'as parlé de ce spectacle.
(ii) Elle a reçu la carte. Tu l'as envoyée.
(iii) Nous ne connaissons pas cette personne. Vous discutez avec elle.
(iv) Le professeur a corrigé les fautes. Je n'ai pas remarqué ces fautes.
(v) Voici Clara. Elle m'a invité à sa fête.
OU
(b) Remplacez les noms soulignés par les pronoms personnels, y, en, etc. **5×1=5**
(i) Kathy n'a pas accepté la bourse.
(ii) Entre dans ce salon !
(iii) Ma cousine va te donner des fleurs.
(iv) Ce sont mes tantes qui rient.
(v) Je ne montre pas ces peintures à mes camarades.

Réponse :
8.a (i) J'ai assisté à ce spectacle **dont** tu m'as parlé.
(ii) Elle a reçu la carte **que** tu l'as envoyée.
(iii) Nous ne connaissons pas cette personne **avec qui** vous discutez.
(iv) Le professeur a corrigé les fautes **que** je n'ai pas remarquées.
(v) Voici Clara **qui** m'a invité à sa fête.
8.b (i) Kathy ne **la** pas acceptée.
(ii) **Y** entre !
(iii) Ma cousine **va te les** donner.
(iv) **Ce sont elles** qui rient.
(v) Je ne **les** montre pas à mes camarades.

9. Mettez les verbes au subjonctif (5 au choix): **5×1=5**
(i) Il est nécessaire que nous (savoir) le chemin.
(ii) Elle doute que tu (venir) à la fête.
(iii) Je suis ravi que tes amis (être) à l'heure pour la compétition.
(iv) Elle ne désire pas que nous (avoir) des difficultés à la comprendre.
(v) Il demande que je (finir) mes devoirs.
(vi) Claire espère que tu (voir) ce film avec elle.

(vii) Nous sommes contents qu'elle (pouvoir) chanter.

Réponse :
(i) Il est nécessaire que nous **sachions** le chemin.
(ii) Elle doute que tu **viennes** à la fête.
(iii) Je suis ravi que tes amis **soient** à l'heure pour la compétition.
(iv) Elle ne désire pas que nous **ayons** des difficultés à la comprendre.
(v) Il demande que je **finisse** mes devoirs.

SECTION D
(Culture et Civilisation) **20 Marks**

10. Répondez aux questions suivantes (5 au choix) en 20 à 30 mots : **5×2=10**
(i) À quel âge commence-t-on l'école primaire, le collège et le lycée en France ?
(ii) Qui est Ieoh Ming Pei ?
(iii) Pourquoi est-il important de s'inscrire à une bibliothèque ?
(iv) Où se trouve le musée d'Orsay ? Que peut-on y découvrir ?
(v) Comment peut-on économiser l'eau ?
(vi) Que représente « la sécu » ?
(vii) Quelles sont les fonctions du Président en France ?

Réponse :
(i) En France, l'école primaire commence à 3 ans, le collège à 11 ans et le lycée à 15 ans. Les élèves passent ainsi par ces trois niveaux de scolarité.
(ii) Ieoh Ming Pei était un architecte d'origine chinoise, célèbre pour avoir conçu le musée du Louvre à Paris et la pyramide qui se trouve à son entrée.
(iii) S'inscrire à une bibliothèque permet d'accéder à de nombreux livres, documents et ressources pour améliorer ses connaissances et développer sa culture personnelle.
(iv) Le musée d'Orsay se situe à Paris, dans une ancienne gare. Il abrite principalement des œuvres impressionnistes et post-impressionnistes, avec des peintures de Monet, Van Gogh, et Degas.
(v) Pour économiser l'eau, il est important de fermer le robinet pendant les tâches comme le brossage des dents, de réparer les fuites et de privilégier les appareils économes en eau.
(vi) La « sécu » désigne la Sécurité sociale en France. Elle permet de couvrir les frais de santé des citoyens, leur assurant une prise en charge des soins médicaux.
(vii) En France, le Président de la République assure les fonctions de chef de l'État, commandant des armées, garant de l'unité nationale et représentant du pays à l'international.

11. Complétez les phrases avec les mots appropriés parmi ceux donnés ci-dessous (5 au choix) : **5×1=5**
(répondeur / version / terre / musée / chaîne / nuit / Sénat)

(i) Si j'entends le ………… , je laisserai un message.
(ii) Le ………… fait partie des deux assemblées législatives en France.
(iii) Il est urgent de freiner le réchauffement de la ………… .
(iv) J'ai eu une ………… blanche, je n'ai pas pu fermer l'œil.
(v) Je vais visionner le film en ………….. originale.
(vi) Le Louvre est le ……………… le plus visité à l'échelle mondiale.
(vii) Canal+ est une ………….. de télévision.

Réponse :

(i) Si j'entends le **répondeur**, je laisserai un message.
(ii) Le **Sénat** fait partie des deux assemblées législatives en France.
(iii) Il est urgent de freiner le réchauffement de la **terre**.
(iv) J'ai eu une **nuit** blanche, je n'ai pas pu fermer l'œil.
(v) Je vais visionner le film en **version** originale.

12. (a) Faites correspondre les éléments de le colonne A avec ceux de la colonne B: **5×1=5**

Colonne A	Colonne B
(i) Le Monde	- La Fontaine
(ii) ARTE	- journal
(iii) Fables	- chaîne culturelle
(iv) passer un	- intérim
(v) le travail	- concours

OU

(b) Indiquez si les affirmations sont vraies ou fausses : **5×1=5**
(i) L'Express est une publication mensuelle.
(ii) La première est la deuxième année au lycée.
(iii) Il est possible de trouver des jeux vidéo dans une bibliothèque en France.
(iv) Malgudi Days est une publication indienne.
(v) En France, le médecin doit compléter des formulaires de sécurité sociale pour ses patients.

Réponse :
12.a (i) Le Monde - **journal**
(ii) ARTE - **chaîne culturelle**
(iii) Fables - **La Fontaine**
(iv) passer un - **concours**
(v) le travail – **interim**

12.b (i) Faux (ii) Faux (iii) Vrai (iv) Faux (v) Vrai

SUBJECT CODE 018

Q.P. Code No. 20

Roll No.

Candidates must write the Q.P. Code on the title page of the answer-book.

Instructions:

- Please check that this question paper contains 11 printed pages.
- Please check that this question paper contains 7 questions.
- Q.P. Code given on the right-hand side of the question paper should be written on the title page of the answer-book by the candidate.
- Please write down the serial number of the question in the answer-book before attempting it.

FRENCH

Time allotted: 2 hours **Maximum Marks: 80**

General Instructions :

(i) Question paper is divided into 4 sections.

(ii) It has total 7 questions.

(iii) Section A : Question no. 1(a) to 1(c)

(iv) Section B : Questions no. 2 to 3(c)

(v) Section C : Question no. 4(a) to 4(f)

(vi) Section D : Questions no. 5 to 7(b)

(vii) Attempt questions as per specific instructions

(viii) Write question no. in answer book before attempting it.

Instructions gènérales :

(i) Le questionnaire est divisé en 4 sections.

(ii) Il contient au total 7 questions.

(iii) Section A : Question no. 1(a) à 1(c)

(iv) Section B : Questions no. 2 à 3(c)

(v) Section C : Question no. 4(a) à 4(f)

(vi) Section D : Questions no. 5 à 7(b)

(vii) Répondez aux questions selon les instructions spécifiques.

(viii) Écrivez le numéro de la question dans votre cahier avant de répondre.

SECTION A

(Compréhension) **10 Marks**

1. Lisez le texte et répondez aux questions suivantes :

Pourquoi apprendre les langues étrangères ?

La mondialisation transforme notre monde. Cela entraîne un accroissement des échanges économiques, diplomatiques, culturels et commerciaux entre les régions. Cette situation rend la communication entre les peuples de plus en plus indispensable.

Mais cette raison est-elle la seule pour apprendre des langues ?

De nombreuses recherches scientifiques prouvent que l'apprentissage des langues stimule le cerveau et renforce ses capacités. Par exemple, maîtriser plusieurs langues démontre de la patience et de la persévérance.

Enseigner une seconde langue dès la maternelle permet aussi de promouvoir la tolérance et d'encourager l'ouverture d'esprit dans une société moderne.

L'apprentissage d'une langue étrangère facilite les voyages. Vous pourrez explorer de nouveaux pays de manière plus fluide et dialoguer avec des locaux qui ne parlent pas forcément anglais.

Enfin, apprendre une nouvelle langue est une porte ouverte sur une autre culture, avec ses coutumes et sa gastronomie.

Lexique :

Mondialisation : Globalisation

Cerveau : Brain

(a) Répondez aux questions suivantes (2 au choix) : **4**

(i) Pourquoi est-il essentiel aujourd'hui d'apprendre plusieurs langues ?

(ii) Selon vous, l'apprentissage des langues étrangères bénéficie-t-il aux enfants ? Expliquez.

(iii) Quels avantages y a-t-il à connaître une langue étrangère lorsqu'on voyage ?

(b) Écrivez vrai ou faux : **3**

(i) Parler une langue étrangère peut être utile dans de nombreux aspects de la vie.

(ii) D'après l'image, 300 millions de personnes parlent français.

(iii) Selon le texte, il n'est pas nécessaire de connaître plus d'une langue.

(iv) Le voyage est plus agréable si l'on parle la langue du pays, selon le texte.

(v) Parler anglais suffit pour voyager partout dans le monde.

(vi) Apprendre la langue des autres peut améliorer les relations avec eux.

(c) Trouvez dans le texte : **3**

(i) Une préposition - ________

(ii) Un adjectif - ________

(iii) La forme nominale de « étudier » - ________

(iv) Le contraire de « ancien » - ________

(v) Le synonyme de « cuisine » - ________

Réponse :

a. (i) Il est essentiel d'apprendre plusieurs langues aujourd'hui en raison de la mondialisation, qui entraîne des échanges économiques, diplomatiques, culturels et commerciaux. La communication entre les peuples devient ainsi de plus en plus indispensable.

(ii) Oui, l'apprentissage des langues étrangères bénéficie aux enfants car il stimule leur cerveau, renforce leurs capacités, favorise la tolérance, et encourage l'ouverture d'esprit dans une société moderne.

(iii) Connaître une langue étrangère facilite les voyages en permettant de dialoguer avec les habitants locaux, ce qui rend l'expérience plus fluide et agréable.

b.(i) Vrai (ii) Faux (iii) Faux (iv) Vrai (v) Faux (vi) Vrai

c. (i) Une préposition - entre

(ii) Un adjectif - indispensable

(iii) La forme nominale de « étudier » - apprentissage

(iv) Le contraire de « ancien » - moderne

(v) Le synonyme de « cuisine » - gastronomie

SECTION B

(Expression Écrite) 20 Marks

2. Rédigez UNE lettre de 80 mots : **10**

(a) Rédigez une lettre à votre ami(e) canadien(ne), en lui donnant des conseils pour rester en bonne forme.

OU

(b) Rédigez une lettre à votre mère en Inde, en lui expliquant comment fonctionne le système scolaire en France.

OU

(c) Rédigez une lettre à un(e) ami(e), en lui expliquant pourquoi vous aimez passer du temps à la bibliothèque.

Réponse :

(a) Chère [Nom de l'ami(e)],

J'espère que tu vas bien ! Pour rester en bonne forme, il est important de suivre une routine d'exercice régulière. Je te conseille de faire des promenades quotidiennes ou du yoga. Manger équilibré est aussi essentiel : mange des fruits et des légumes frais et bois beaucoup d'eau. N'oublie pas de bien dormir pour recharger ton énergie. Enfin, prends du temps pour te détendre, surtout avec des activités que tu aimes.

Prends soin de toi !

Amitiés,
[Votre Nom]

(b) Chère Maman,

Je vais bien et j'espère que toi aussi. En France, l'école commence à 3 ans avec l'école maternelle. Ensuite, on va au primaire de 6 à 11 ans, puis au collège jusqu'à 15 ans. Après cela, on peut choisir d'aller au lycée pendant trois ans. Le système est assez flexible, et il y a aussi des options pour les élèves qui veulent se spécialiser dans des matières comme les sciences ou les arts. C'est différent de l'Inde, mais je m'y habitue !

Je t'embrasse,
[Votre Nom]

(c) Cher(e) [Nom de l'ami(e)],

Je voulais te dire que j'adore passer du temps à la bibliothèque. C'est un endroit calme, parfait pour me concentrer. J'aime y lire des livres intéressants et approfondir mes connaissances. La bibliothèque offre aussi un espace pour étudier sans distractions, ce qui m'aide à être plus productif. En plus, il y a souvent des événements ou des expositions qui me permettent de découvrir de nouvelles choses. C'est un endroit idéal pour se détendre et apprendre en même temps !

À bientôt,
[Votre Nom]

3. Faites DEUX des questions suivantes : **10**

(a) C'est l'anniversaire de votre amie. Malheureusement, vous ne pouvez pas être présent(e) à la fête. Rédigez une réponse pour vous excuser et expliquer votre absence (30 mots).

(b) Mettez le dialogue dans le bon ordre et réécrivez-le :

Pierre: D'où viens-tu ?
Lucas: Je viens de la Provence.
Pierre: La Provence ? C'est loin de Paris !
Lucas: Oui, c'est vrai. Ici à Paris, tout est immense, il y a du monde partout.
Pierre: Moi, c'est Pierre. Bienvenue au collège Claude Debussy.
Lucas: Merci, c'est gentil.
Pierre: Pourquoi as-tu quitté la Provence ?
Lucas: Mon père a trouvé un emploi à Paris.
Pierre: Bonjour, ça va ? Comment t'appelles-tu ?
Lucas: Bonjour, ça va. Je m'appelle Lucas. Et toi ?

(c) Complétez le texte en choisissant parmi les mots donnés ci-dessous et récrivez :
(beaucoup / fantastiques / acheter / prennent / surtout / pour / hiver)

Tout le monde aime les centres commerciaux. En été comme en _______les gens visitent ces endroits _______remplis de boutiques variées et d'animations diverses. En effet, même si vous ne voulez pas _______ quelque chose, il est toujours intéressant de passer du temps dans les centres commerciaux. Le centre commercial est l'endroit idéal _______ passer un bon moment avec la famille ou des amis. Les gens y vont _______ pour déguster un bon sandwich assis près de la fontaine ou tout en regardant un spectacle de danse.

Réponse :

a. Chère [Nom de l'amie],

Je suis désolée de ne pas pouvoir être présente à ta fête d'anniversaire. J'ai un engagement imprévu ce jour-là, mais je te souhaite une merveilleuse célébration !

Amitiés,
[Votre Nom]

b. Pierre: Bonjour, ça va ? Comment t'appelles-tu ?
Lucas: Bonjour, ça va. Je m'appelle Lucas. Et toi ?
Pierre: Moi, c'est Pierre. Bienvenue au collège Claude Debussy.
Lucas: Merci, c'est gentil.
Pierre: D'où viens-tu ?
Lucas: Je viens de la Provence.
Pierre: La Provence ? C'est loin de Paris !
Lucas: Oui, c'est vrai. Ici à Paris, tout est immense, il y a du monde partout.
Pierre: Pourquoi as-tu quitté la Provence ?
Lucas: Mon père a trouvé un emploi à Paris.

c. Tout le monde aime les centres commerciaux. En été comme en **hiver**, les gens visitent ces endroits **surtout** remplis de boutiques variées et d'animations diverses. En effet, même si vous ne voulez pas **acheter** quelque chose, il est toujours intéressant de passer du temps dans les centres commerciaux. Le centre commercial est l'endroit idéal **pour** passer un bon moment avec la famille ou des amis. Les gens y vont **beaucoup** pour déguster un bon sandwich assis près de la fontaine ou tout en regardant un spectacle de danse.

SECTION C

(Grammaire) **30 Marks**

4. (a) Conjuguez les verbes entre parenthèses: (5 au choix) **5×1=5**

(i) Le mois dernier, les chanteurs (se présenter) au Directeur.
(ii) Lorsque les crêpes seront prêtes, ils (déjeuner) déjà.
(iii) Ne (se fâcher) pas, je te prie !

(iv) En 2021, nous (étudier) souvent en ligne.
(v) Dans une semaine, on (voir) ce film célèbre.
(vi) Pauline me (téléphoner) si elle recevait la bonne nouvelle.
(vii) Aussitôt que le train (arriver) nous sommes descendus avec nos valises.

Réponse :
(i) Le mois dernier, les chanteurs **se sont présentés** au Directeur.
(ii) Lorsque les crêpes seront prêtes, ils **déjeuneront** déjà.
(iii) Ne **te fâche** pas, je te prie !
(iv) En 2021, nous **étudions** souvent en ligne.
(v) Dans une semaine, on **verra** ce film célèbre.
(vi) Pauline me **téléphonerait** si elle recevait la bonne nouvelle.
(vii) Aussitôt que le train **est arrivé**, nous sommes descendus avec nos valises.

(b) Mettez les phrases au style direct ou indirect, selon le cas : (5 au choix). **5×1=5**
(i) Sa mère lui dit, « Ne pars pas seule. »
(ii) Papa me demande, « Peux-tu venir me chercher au travail ? »
(iii) Nous te demandons à quelle heure arrive ton vol.
(iv) Anna nous dit, « Je ne veux pas vous déranger. »
(v) Le principal annonce que l'école sera fermée demain.
(vi) Je demande à mon frère, « Que fais-tu samedi soir ? »
(vii) Je lui conseille de se reposer dans le salon.

Réponse :
(i) Sa mère lui dit de ne pas partir seule.
(ii) Papa me demande si je peux venir le chercher au travail.
(iii) « À quelle heure arrive ton vol ? » nous te demandons.
(iv) Anna nous dit qu'elle ne veut pas nous déranger.
(v) Le principal annonce : « L'école sera fermée demain. »
(vi) Je demande à mon frère ce qu'il fait samedi soir.
(vii) « Repose-toi dans le salon », je lui conseille.

(c) (I) Trouvez la question : **5×1=5**
(i) Il y a beaucoup de soleil.
(ii) Elle sera là demain.
(iii) Je vais jouer avec mes amis.
(iv) La tâche est difficile.
(v) Les livres sont intéressants.
OU (Or)
(c) (II) Répondez aux questions suivantes à la forme négative :
(i) Désirez-vous du thé ou du café ?
(ii) Parlez-vous encore en anglais avec vos amis ?
(iii) Tout le monde sait chanter dans votre groupe ?
(iv) Avez-vous déjà visité l'Allemagne ?
(v) Voulez-vous prendre des souvenirs ?

Réponse :
(c) (I) (i) Quel temps fait-il ?
(ii) Quand sera-t-elle là ?
(iii) Avec qui vas-tu jouer ?

(iv) Comment est la tâche ?
(v) Comment sont les livres ?

(c) (II) (i) Je ne désire ni thé ni café.
(ii) Je ne parle plus en anglais avec mes amis.
(iii) Non, tout le monde ne sait pas chanter dans mon groupe.
(iv) Non, je n'ai pas encore visité l'Allemagne.
(v) Non, je ne veux pas prendre de souvenirs.

(d) (I) Remplissez les blancs par les adjectifs ou les pronoms possessifs : **5×1=5**
(i) Clara parle de _____ famille. Parlez-vous de ______ ?
(ii) Je m'occupe toujours de _____ belles fleurs, t'occupes-tu de ______ ?
(iii) Peux-tu me prêter ______ veste ? Je ne trouve pas ______.
(iv) Nous avons terminé ______ dessin. Paul n'a pas encore fini ______.
(v) J'ai oublié ma bouteille d'eau, me prêtes-tu ______ ?
OU (Or)
(d) (II) Complétez avec les adjectifs ou les pronoms démonstratifs :
(i) ______ voyages étaient plus intéressants que ______ de l'année dernière.
(ii) Je veux essayer ______ mais pas ______ !
(iii) Sophie prend ______ veste. Elle laisse ______-là pour son frère.
(iv) Nous avons visité ______ parc. Nous visiterons ______ de Londres bientôt.
(v) ______ chaîne de télévision propose de meilleurs programmes que ______-ci.

Réponse :
(d) (I) (i) Clara parle de **sa** famille. Parlez-vous de **la vôtre** ?
(ii) Je m'occupe toujours de **mes** belles fleurs, t'occupes-tu de **les tiennes** ?
(iii) Peux-tu me prêter **ta** veste ? Je ne trouve pas **la mienne**.
(iv) Nous avons terminé **notre** dessin. Paul n'a pas encore fini **le sien**.
(v) J'ai oublié ma bouteille d'eau, me prêtes-tu **la tienne** ?

(d) (II) (i) **Ces** voyages étaient plus intéressants que **ceux** de l'année dernière.
(ii) Je veux essayer **celui-ci** mais pas **celui-là** !
(iii) Sophie prend **cette** veste. Elle laisse **celle-là** pour son frère.
(iv) Nous avons visité **ce** parc. Nous visiterons **celui** de Londres bientôt.
(v) **Cette** chaîne de télévision propose de meilleurs programmes que **celle-ci**.

(e) (I) Reliez les phrases avec les pronoms relatifs simples ou composés: **5×1=5**
(i) J'adore ce parc. Nous nous promenons dans ce parc.
(ii) Marie a bien réussi à cet examen. Elle avait fait bien attention à cet examen.
(iii) Je viens de lire le roman. Il est captivant.
(iv) Veux-tu goûter ces gâteaux? Clara vient de préparer ces gâteaux.
(v) Voilà la rivière. Nous passons nos vacances au bord de cette rivière.
OU(Or)
(e) (II) Remplacez les noms soulignés par les pronoms personnels, y, en, etc. :
(i) Regardes-tu <u>ce programme</u> à la télévision tous les soirs ?
(ii) <u>Les parents</u> de Clara, ils ne sortent pas beaucoup.
(iii) Attendez-moi <u>à la bibliothèque</u> !
(iv) Je vais te donner <u>mes coordonnées</u>.

(v) Il a écrit des erreurs dans son devoir.

Réponse :

(e) (I) (i) J'adore ce parc **dans lequel** nous nous promenons.

(ii) Marie a bien réussi à cet examen **auquel** elle avait fait bien attention.

(iii) Je viens de lire le roman **qui** est captivant.

(iv) Veux-tu goûter ces gâteaux **que** Clara vient de préparer ?

(v) Voilà la rivière **au bord de laquelle** nous passons nos vacances.

(e) (II) (i) La regardes-tu tous les soirs ?

(ii) Ses parents, ils ne sortent pas beaucoup. (no change needed)

(iii) Attendez-moi y !

(iv) Je vais te les donner.

(v) Il en a fait.

(f) Mettez les verbes au subjonctif : (5 au choix). **5×1=5**

(i) Il est essentiel que nous (pouvoir) participer à cette fête.

(ii) Il est impératif que vous (savoir) les conjugaisons des verbes.

(iii) J'ai des doutes qu'elles (faire) des erreurs.

(iv) Nous sommes heureux que notre professeur (aller) en Espagne.

(v) Ma mère souhaite que nous (manger) tous ensemble.

(vi) Il est nécessaire qu'un enfant (apprendre) plusieurs langues.

(vii) Je préfère que ma grand-mère (être) en forme.

Réponse :

(i) Il est essentiel que nous **puissions** participer à cette fête.

(ii) Il est impératif que vous **sachiez** les conjugaisons des verbes.

(iii) J'ai des doutes qu'elles **fassent** des erreurs.

(iv) Nous sommes heureux que notre professeur **aille** en Espagne.

(v) Ma mère souhaite que nous **mangions** tous ensemble.

SECTION D

(Culture & Civilisation) 20 Marks

5. Répondez aux questions suivantes : (5 au choix) (20 à 30 mots) **5×2=10**

(i) Que doit-on faire en cas de chômage en France ?

(ii) Comment peut-on obtenir une carte de lecteur en France ?

(iii) Quels sont les différents types de médias ? Citez 2 chaînes de télévision françaises.

(iv) Que savez-vous du musée d'Orsay ?

(v) Quelles sont les solutions pour diminuer le gaspillage d'eau ?

(vi) Quelles sont deux responsabilités du Président français ?

(vii) Qu'est-ce qu'un mensuel et un quotidien ?

Réponse :

(i) En cas de chômage en France, on doit s'inscrire à Pôle Emploi pour bénéficier des allocations chômage et chercher activement un emploi. Des démarches administratives et des entretiens sont souvent nécessaires.

(ii) Pour obtenir une carte de lecteur en France, il faut généralement s'inscrire dans une bibliothèque municipale, présenter une pièce d'identité et parfois fournir une preuve de résidence.

(iii) Les différents types de médias incluent la télévision, la radio, la presse écrite, et les médias numériques (Internet). Deux chaînes de télévision françaises sont TF1 et France 2.

(iv) Le musée d'Orsay, situé à Paris, est un musée consacré à l'art du XIXe siècle, notamment à l'impressionnisme. Il abrite des œuvres de peintres célèbres comme Monet, Van Gogh, et Degas.
(v) Pour diminuer le gaspillage d'eau, il faut adopter des gestes comme fermer le robinet pendant le brossage des dents, utiliser des appareils économes en eau, et récupérer l'eau de pluie pour arroser les plantes.
(vi) Deux responsabilités du Président français sont de représenter la France à l'étranger et de nommer le Premier ministre. Il a également un rôle important dans la défense nationale.
(vii) Un mensuel est un magazine publié une fois par mois, tandis qu'un quotidien est un journal publié tous les jours.

6. Complétez à l'aide des mots donnes ci-dessous :(5 au choix) **5×1=5**
(lessive / dents / répondeur / Malgudi Days / Monde / jardinage / retraite)
(i) _____ est écrit par R.K. Narayan.
(ii) On laisse un message si on tombe sur un _____.
(iii) Il va chez le dentiste car il a mal aux _____.
(iv) La Sécu garantit une _____ aux travailleurs.
(v) Faire la _____ est une tâche ménagère.
(vi) J'aime faire le _____ , c'est mon passe-temps favori.
(vii) Le _____ est un journal français.

Réponse :
(i) **Malgudi Days** est écrit par R.K. Narayan.
(ii) On laisse un message si on tombe sur un **répondeur**.
(iii) Il va chez le dentiste car il a mal aux **dents**.
(iv) La Sécu garantit une **retraite** aux travailleurs.
(v) Faire la **lessive** est une tâche ménagère.
(vi) J'aime faire le **jardinage**, c'est mon passe-temps favori.
(vii) Le **Monde** est un journal français.

7. (a) Faites correspondre les éléments de la Colonne A avec ceux de la Colonne B : **5×1= 5**

Colonne A	Colonne B
(i) Baccalauréat-	Reportage culturel
(ii) IUT	- Le Petit Prince
(iii) Récit	-Lycée
(iv) Fable	- Études supérieures
(v) ARTE	- Panchatantra

Réponse :
(i) Baccalauréat - Lycée
(ii) IUT - Études supérieures
(iii) Récit - Le Petit Prince
(iv) Fable - Panchatantra
(v) ARTE - Reportage culturel
OU (Or)
(b) Indiquez si les affirmations sont vraies ou fausses : **5×1=5**
(i) Zapper signifie changer de chaîne à une autre.

(ii) Le PSG est un métro rapide en France.
(iii) L'Express est un journal hebdomadaire.
(iv) Tournesol est un livre français.
(v) Le Palais Bourbon est le lieu où siège l'Assemblée Nationale.

Réponse :
(i) Vrai
(ii) Faux
(iii) Vrai
(iv) Faux
(v) Vrai

CBSE CLASS 10TH 2023 FRENCH PAPER

URL	QR
https://youtu.be/Pv_H_adVqOM	

CBSE CLASS 10 FRENCH SOLVED SAMPLE PAPER 11
SUBJECT CODE 018

Q.P. Code No. 20

Roll No.

Candidates must write the Q.P. Code on the title page of the answer-book.

Instructions:

- Please check that this question paper contains 11 printed pages.
- Please check that this question paper contains 7 questions.
- Q.P. Code given on the right-hand side of the question paper should be written on the title page of the answer-book by the candidate.
- Please write down the serial number of the question in the answer-book before attempting it.

FRENCH

Time allotted: 2 hours **Maximum Marks: 80**

GENERAL INSTRUCTIONS:

- Please check that this question paper contains 11 printed pages.
- Question paper is divided into 4 sections (A, B, C, D).
- Total 7 questions.
- Attempt questions as per instructions.
- Write question numbers clearly.

SECTION A – COMPRÉHENSION (10 marks)

1. Lisez le texte et répondez :
La bicyclette : un moyen de transport intelligent
La bicyclette n'est pas seulement un moyen de transport écologique. Elle est aussi bénéfique pour la santé. En ville, de plus en plus de personnes choisissent le vélo pour éviter les embouteillages, réduire leur empreinte carbone, et faire de l'exercice en même temps.
Dans de nombreuses villes européennes comme Amsterdam et Copenhague, des pistes cyclables sont bien aménagées.
De plus, utiliser le vélo réduit la pollution de l'air et améliore la qualité de vie. Des campagnes de sensibilisation sont organisées dans les écoles pour encourager les jeunes à utiliser ce mode de transport.

Lexique :

Embouteillage : Traffic jam
Empreinte carbone : Carbon footprint

Sensibilisation : Awareness

(a) Répondez (2 au choix) – 4 marks
(i) Pourquoi la bicyclette est-elle considérée comme un moyen de transport intelligent ?
(ii) Quelles sont les raisons pour lesquelles les gens choisissent le vélo en ville ?
(iii) Comment les écoles encouragent-elles l'usage de la bicyclette ?

(b) Écrivez Vrai ou Faux – 3 marks
(i) Le vélo est bon pour la santé.
(ii) Les pistes cyclables sont mal aménagées à Amsterdam.
(iii) Les gens préfèrent le vélo pour éviter les embouteillages.
(iv) Le vélo augmente la pollution.
(v) Les écoles organisent des campagnes pour encourager les jeunes à conduire des voitures.
(vi) Le vélo est un mode de transport polluant.

(c) Trouvez dans le texte – 3 marks
(i) Un synonyme de « bon pour l'environnement » – _______
(ii) Un nom masculin pluriel – _______
(iii) Un verbe à l'infinitif – _______

1. (a) Réponses (any 2)

(i) La bicyclette est considérée comme un moyen de transport intelligent car elle est écologique, bonne pour la santé, évite les embouteillages et réduit la pollution.

(ii) En ville, les gens choisissent le vélo pour éviter les embouteillages, réduire leur empreinte carbone et faire de l'exercice.

(iii) Les écoles organisent des campagnes de sensibilisation pour encourager les jeunes à utiliser le vélo.

(b) Vrai ou Faux

(i) Vrai

(ii) Faux

(iii) Vrai

(iv) Faux

(v) Faux

(vi) Vrai

(c) Trouvez dans le texte

(i) écologique

(ii) embouteillages

(iii) utiliser

SECTION B – EXPRESSION ÉCRITE (20 marks)

2. Rédigez UNE lettre (choix) – 10 marks

(a) Écris une lettre à ton ami pour lui raconter ta dernière visite à un musée.

OU

(b) Écris une lettre à ton frère pour lui expliquer comment préserver l'environnement à la maison.

OU

(c) Rédige une lettre à ton oncle pour lui parler de ton école et de tes matières préférées.

Réponses

2. (a) Lettre à un ami sur la visite au musée

Cher [Prénom],

Je veux te raconter ma visite au musée du Louvre. C'était fascinant ! J'ai vu la Joconde, des sculptures grecques, et des œuvres de la Renaissance. J'ai appris beaucoup de choses. L'ambiance était calme et éducative. C'est un endroit que tu devrais visiter un jour.

Avec amitié,

[Votre nom]

2. (b) Lettre à la mère sur les moyens de transport en France

Chère Maman,

Je vais bien et j'espère que toi aussi. En France, les moyens de transport sont très variés. Il y a le métro, le TGV, les bus, les tramways et même les vélos en libre-service. C'est très pratique et respectueux de l'environnement. On peut facilement se déplacer sans voiture. Cela me plaît beaucoup ici.

Je t'embrasse,

[Votre nom]

2. (c) Lettre à un ami sur les passe-temps en France

Cher/Chère [Nom de l'ami(e)],

Je voulais partager avec toi mes découvertes sur les passe-temps en France. Beaucoup de jeunes aiment le sport, surtout le football et la natation. La lecture, la musique, et le cinéma sont aussi très populaires. Moi, j'aime aller au théâtre et visiter les musées. La culture ici est très riche !

À bientôt,

[Votre nom]

3. Faites DEUX (a/b/c) – 10 marks

(a) Vous êtes en vacances dans les Alpes. Envoyez une carte postale à votre amie pour décrire le paysage et vos activités. (30–40 mots)

(b) Réordonnez les phrases du dialogue :

Paul : Bonjour, tu es nouveau ici ?

Ali : Oui, je viens d'Algérie.

Paul : Tu parles bien français !

Ali : Merci, j'ai étudié le français à l'école.

Paul : Tu aimes ce collège ?

Ali : Oui, il est grand et moderne.

(c) Complétez le texte avec les mots suivants :

(bibliothèque, souvent, lisent, silence, élèves, travailler, agréable)

Les élèves vont ______ à la bibliothèque. Ils ______ des livres dans une ambiance calme. Le ______ est respecté. C'est un endroit ______ pour ______ ou faire des recherches. La ______ est un lieu précieux pour les ______.

Réponses

(a) Carte postale des Alpes
Chère Léa,
Je passe des vacances formidables dans les Alpes. Le paysage est magnifique, avec des montagnes enneigées et des lacs bleus. Je fais du ski et de longues randonnées. À bientôt !
Bises,
[Nom]

(b) Dialogue réordonné
Paul : Bonjour, tu es nouveau ici ?

Ali : Oui, je viens d'Algérie.

Paul : Tu parles bien français !

Ali : Merci, j'ai étudié le français à l'école.

Paul : Tu aimes ce collège ?

Ali : Oui, il est grand et moderne.

(c) Texte complété

Les élèves vont souvent à la bibliothèque. Ils lisent des livres dans une ambiance calme. Le silence est respecté. C'est un endroit agréable pour travailler ou faire des recherches. La bibliothèque est un lieu précieux pour les élèves.

SECTION C – GRAMMAIRE (30 marks)

4. (a) Conjuguez les verbes (5 au choix) – 5 marks

(i) Demain, ils (partir) en vacances.

(ii) En 2020, nous (vivre) à Bordeaux.

(iii) Si j'avais le temps, je (lire) ce roman.

(iv) Les élèves (écouter) attentivement le professeur.

(v) Tu (finir) tes devoirs avant de sortir.

(vi) Je (voir) ce film hier.

(vii) Ils (être) contents de te revoir.

(b) Mettez au style direct/indirect (5 au choix) – 5 marks

(i) Maman me dit : « Sois prudent ! »

(ii) Il demande : « Est-ce que tu viens demain ? »

(iii) Julie dit qu'elle aime lire des romans.

(iv) L'enseignant annonce que le test est reporté.

(v) Mon frère me demande : « Tu veux du chocolat ? »

(vi) Le garçon dit : « Je suis fatigué. »

(vii) Il me demande pourquoi je suis triste.

(c) (I) Trouvez la question – 5 marks

(i) Je vais à la piscine.

(ii) Il pleut aujourd'hui.

(iii) Mon père travaille à Lyon.

(iv) Nous avons deux chiens.

(v) Ils arrivent à 18 heures.

OU

(c) (II) Répondez à la forme négative – 5 marks

(i) As-tu pris ton déjeuner ?

(ii) Avez-vous vu mes clés ?

(iii) Elle a encore des devoirs ?

(iv) Tu vas au cinéma ?

(v) Vous êtes déjà allés en Suisse ?

(d) (I) Complétez avec possessifs – 5 marks

(i) Il cherche ______ sac. Il ne trouve pas ______.

(ii) Nous aimons ______ école. Et vous ? Aimez-vous ______ ?

(iii) Tu m'as prêté ______ livre. Peux-tu reprendre ______ ?

(iv) J'ai perdu mes lunettes. Tu as vu ______ ?

(v) Elle adore ______ robe. Et sa sœur aime aussi ______.

OU

(d) (II) Complétez avec démonstratifs – 5 marks

(i) ______ livre-ci est plus intéressant que ______-là.

(ii) J'aime ______ chaussures. Et toi, tu préfères ______ ?

(iii) ______ film passe ce soir.

(iv) ______ fête est organisée par le lycée.

(v) Tu vois ______ homme là-bas ?

(e) (I) Reliez avec un pronom relatif – 5 marks

(i) Voilà l'enfant. Je garde cet enfant.

(ii) Tu vois cette voiture ? Elle est verte.

(iii) C'est le pays. J'ai visité ce pays.

(iv) Voici l'élève. Il a gagné un prix.

(v) J'aime cette chanson. Tu écoutes cette chanson ?

OU

(e) (II) Remplacez les mots soulignés – 5 marks

(i) Elle va à l'école.

(ii) Il boit du café le matin.

(iii) Ils regardent le match.

(iv) Nous parlons de nos projets.

(v) J'ai répondu à mes parents.

(f) Mettez au subjonctif (5 au choix) – 5 marks

(i) Il faut que tu (répondre) à cette question.

(ii) Je veux que mes amis (venir) chez moi.

(iii) Il est possible que nous (prendre) le train.

(iv) Je suis content qu'il (faire) beau.

(v) Il est important qu'elle (travailler) dur.

(vi) Il souhaite que vous (avoir) de bons résultats.

(vii) Il est temps que je (partir).

Réponses

4. (a) Conjugaison

(i) partiront

(ii) vivions

(iii) lirais

(iv) écoutent

(v) finiras

(vi) ai vu

(vii) sont

(b) Style direct/indirect

(i) Maman me dit d'être prudent.

(ii) Il demande si je viens demain.

(iii) Julie dit : « J'aime lire des romans. »

(iv) L'enseignant annonce : « Le test est reporté. »

(v) Mon frère me demande si je veux du chocolat.

(vi) Le garçon dit qu'il est fatigué.

(vii) Il me demande pourquoi je suis triste.

(c) (I) Questions

(i) Où vas-tu ?

(ii) Quel temps fait-il aujourd'hui ?

(iii) Où travaille ton père ?

(iv) Combien de chiens avez-vous ?

(v) À quelle heure arrivent-ils ?

(II) Réponses négatives

(i) Non, je n'ai pas pris mon déjeuner.

(ii) Non, je n'ai pas vu tes clés.

(iii) Non, elle n'a plus de devoirs.

(iv) Non, je ne vais pas au cinéma.

(v) Non, nous ne sommes pas encore allés en Suisse.

(d) (I) Possessifs

(i) son / le sien

(ii) notre / la vôtre

(iii) ton / le tien

(iv) les miennes

(v) sa / la sienne

(II) Démonstratifs

(i) Ce / celui

(ii) Ces / celles

(iii) Ce

(iv) Cette

(v) Cet

(e) (I) Pronoms relatifs

(i) Voilà l'enfant que je garde.

(ii) Tu vois la voiture qui est verte ?

(iii) C'est le pays que j'ai visité.

(iv) Voici l'élève qui a gagné un prix.

(v) J'aime cette chanson que tu écoutes.

(II) Pronoms personnels

(i) Elle y va.

(ii) Il en boit le matin.

(iii) Ils le regardent.

(iv) Nous en parlons.

(v) Je leur ai répondu.

(f) Subjonctif

(i) répondes

(ii) viennent

(iii) prenions

(iv) fasse

(v) travaille

(vi) ayez

(vii) parte

SECTION D – CIVILISATION (20 marks)

5. Répondez aux questions (5 au choix) – 10 marks

(i) Qu'est-ce qu'un passe-temps populaire en France ?

(ii) Quels sont les moyens de transport en France ?

(iii) Donnez deux journaux français.

(iv) Quels services offre la sécurité sociale ?

(v) Que peut-on faire pour protéger l'environnement ?

(vi) Qu'est-ce que le Louvre ?

(vii) Quelles sont les différences entre la radio et la télévision ?

6. Complétez avec les mots donnés (5 au choix) – 5 marks

(pharmacie / émissions / déchets / boulangerie / médecin / hebdomadaire / Tour Eiffel)

(i) Je vais à la ______ pour acheter du pain.

(ii) Les ______ doivent être triés.

(iii) On peut acheter des médicaments à la ______.

(iv) J'ai besoin d'un ______ car je suis malade.

(v) Le Monde est un journal ______.

(vi) Il y a beaucoup de touristes à la ______.

(vii) Les ______ culturelles sont intéressantes à la télé.

7. (a) Associez Colonne A avec Colonne B – 5 marks

Colonne A	Colonne B
(i) Le Figaro	(a) Journal français
(ii) Le lycée	(b) Études secondaires
(iii) Victor Hugo	(c) Les Misérables
(iv) SNCF	(d) Chemins de fer français
(v) TF1	(e) Chaîne de télévision

OU

(b) Écrivez Vrai ou Faux – 5 marks

(i) La baguette est un aliment typique français.

(ii) France 2 est un parc d'attractions.

(iii) Le président français est élu pour cinq ans.

(iv) Paris est la capitale de l'Italie.

(v) Les Français célèbrent le 14 juillet comme fête nationale.

Réponses

5. Réponses courtes (5 au choix)

(i) Le jardinage, la lecture, le sport et le cinéma sont populaires en France.

(ii) Il y a le métro, le TGV, les bus, les tramways et les vélos partagés.

(iii) Deux journaux français sont Le Monde et Le Figaro.

(iv) Elle rembourse les frais médicaux, les médicaments et garantit la retraite.

(v) On peut économiser l'eau, recycler et planter des arbres.

(vi) Le Louvre est un musée célèbre à Paris, connu pour la Joconde.

(vii) La radio est audio seulement, la télévision est visuelle et audio.

6. Complétion

(i) boulangerie

(ii) déchets

(iii) pharmacie

(iv) médecin

(v) hebdomadaire

(vi) Tour Eiffel

(vii) émissions

7. (a) Associez Colonne A et B

Colonne A	Colonne B
Le Figaro	Journal français
Le lycée	Études secondaires
Victor Hugo	Les Misérables
SNCF	Chemins de fer français
TF1	Chaîne de télévision

OU (b) Vrai ou Faux

(i) Vrai

(ii) Faux

(iii) Vrai

(iv) Faux

(v) Vrai

FRENCH CBSE CLASS 10TH 2024 PAPER WITH SOLUTIONS

URL	QR
https://youtu.be/A6PGIg-IC_U	

Full playlist of CBSE class 10 Entre Jeunes book

URL	QR
https://www.youtube.com/playlist?list=PLzlh_31VWEFoXtfTE84gvuEbe6yPWorG_	

Online exam paper for previous year 2024

URL	QR
https://forms.gle/6o5jxDmxoe8UMZhY6	

What is CBSE?

CBSE (Central Board of Secondary Education) is one of the most important and widely recognized education boards in India. It plays a key role in shaping the academic journey of millions of students across the country. The full form of CBSE is the Central Board of Secondary Education, and it operates under the Government of India. It is responsible for designing school curricula, conducting examinations, and maintaining educational standards in affiliated schools.

CBSE was established in 1929, originally known as the Board of High School and Intermediate Education. Over time, it evolved and was renamed as the Central Board of Secondary Education. Its main aim is to provide a strong, uniform, and high-quality education system that prepares students for higher education and future careers. The board is managed by the Ministry of Education, Government of India, which ensures that policies and standards are aligned with national goals.

One of the most important functions of CBSE is to design and prescribe the syllabus for students from primary classes to senior secondary level (Class 12). The curriculum is carefully developed to ensure a balance between theoretical knowledge and practical skills. CBSE focuses on conceptual understanding rather than rote learning. This means students are encouraged to understand ideas deeply instead of just memorizing facts. Subjects such as Mathematics, Science, Social Science, English, Hindi, and optional subjects like Computer Science and Artificial Intelligence are included in the curriculum.

CBSE is also responsible for conducting board examinations, especially for Class 10 and Class 12 students. These exams are very important as they determine a student's academic progress and future opportunities. Class 10 exams assess basic knowledge and help students choose streams like Science, Commerce, or Arts for higher studies. Class 12 exams are even more crucial, as their results are used for college admissions across India. CBSE ensures that these exams are fair, standardized, and conducted smoothly every year.

Another major feature of CBSE is its wide network of affiliated schools. Thousands of schools in India and several in other countries are affiliated with CBSE. These schools follow the CBSE curriculum and guidelines. This uniformity is especially beneficial for students whose families move frequently, such as those in government jobs or transferable professions. Because the syllabus is the same in all CBSE schools, students can easily continue their education without major disruptions.

CBSE also promotes modern teaching methods and continuous improvement in education. It regularly updates its syllabus to include new topics and remove outdated content. For example, in recent years, CBSE has introduced skill-based subjects and digital learning tools. It also encourages the use of technology in classrooms, making learning more interactive and engaging. The board supports initiatives like online classes, digital textbooks, and e-learning platforms to enhance student understanding.

However, like any system, CBSE also has some challenges. Some critics believe that the curriculum can sometimes be too exam-focused, leading to pressure on students. Others feel that there is still room for improvement in practical learning and skill development. Despite these challenges, CBSE continues to evolve and make changes to improve the education system.

In conclusion, CBSE is a central pillar of the Indian education system. It provides a structured, standardized, and high-quality education to millions of students. Through its curriculum, examinations, and continuous improvements, CBSE aims to prepare students for academic success and future careers. Its focus on conceptual learning, national-level recognition, and holistic development makes it one of the most trusted education boards in India. Whether a student wants to pursue higher education, competitive exams, or develop life skills, CBSE provides a strong foundation for growth and success